会のレベルと主なアクター

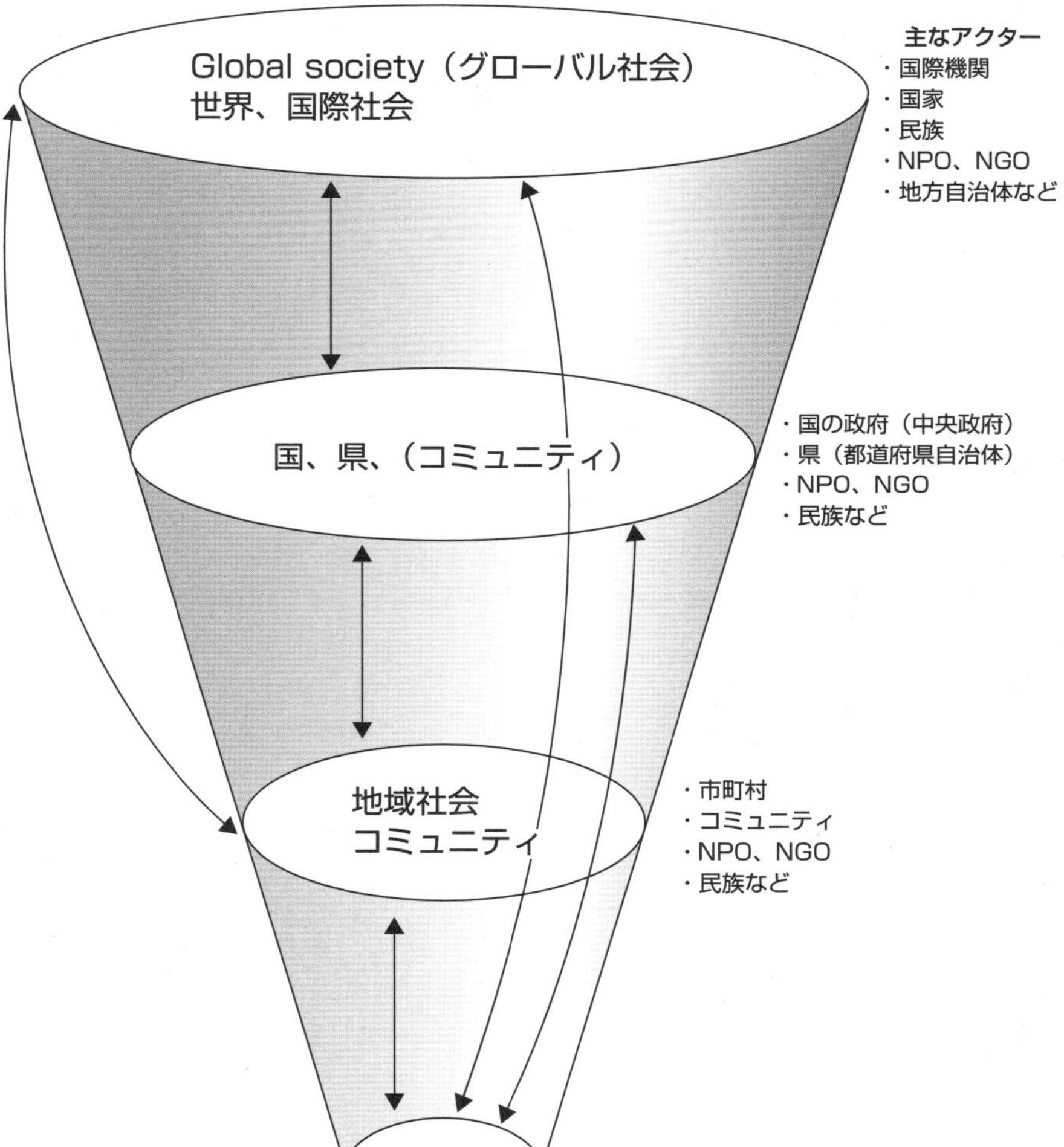

★「Ⅰ-1」「Ⅱ-1」「Ⅲ-1」「Ⅲ-2」「Ⅲ-3」「Ⅳ-4」「Ⅳ-5」「Ⅴ-1」「Ⅴ-2」参照

シチズン・リテラシー

社会をよりよくするために私たちにできること

鈴木　崇弘　ほか編著

教育出版

市民が市民であるために

目次

Ⅲ. 世界、国、社会について理解を深めよう 045

Ⅰ．日本におけるパブリックを考えよう

Point

なぜ私たちは社会に参加し、社会をよりよくしていくのか。本章では、このことを明らかにしながら、日本における「パブリック」について考えていきましょう。

Ⅰ-❶ 私たちとシチズン・リテラシー

ここでは、いくつかの観点から、日本における「パブリック」について考えていきましょう。

個人としての私（あなた）、市民、社会

①社会の中に生きる私

自分の家の中を見てください。テレビ、ビデオ（ＤＶＤ）、ＣＤプレイヤー、電話、パソコン、エアコン、本、机、家具、電子レンジ、ガスコンロ、冷蔵庫など。冷蔵庫の中には、水、ジュース、乳製品、卵、肉、魚、野菜、果実など。本当に様々なものがあることに気づきます。これらは、日本製だけでなく海外から輸入されたものもあります。[*1] 家の外に目を向ければ、もっと多くのものの存在に気づきます。自分のまわりや社会は、実に多くのものから成り立っているのです。

しかも、それらのほとんどは、自分が作ったものではありません。他の人々が作ったり、育ててきたものです。それらがない社会を果たして考えられるでしょうか。他の人々がいてこそ、今の自分の生活が成り立っているのです。

それはものだけではありません。社会的な決まりやルール、法律、制度、文化などといった社会のソフトウェアもそうです。他にも経済活動や社会活動を行う組織

＊1　**これらは、日本製だけでなく海外から輸入されたものもあります**
「Ⅳ-５（２）」の一五四ページ参照。

＊2　**私たちは〜責務があるのです**
『公会計革命　「国ナビ」が変える日本の財政戦略』（桜内文城著、講談社現代新書、二〇〇四年）参照。

や団体、さらには最近ではネットで人々がつながるバーチャルなコミュニティがあります。それらが地域や社会の中で、多くの人たちによって作られてきたのです。

　これらのことからも、個人である人は決して一人では生きていけないことがわかります。それら社会をつくってきた人々の中には生きている人だけでなく、故人の方々も含まれます。そして、私たち[*2]は、広い意味の私たちの社会の一員である次世代の人々に、この社会をきちんと引き継いでいく責務があるのです。つまり、歴史や文化とつながっている家族、地域（コミュニティ）、社会、世界などの中で、人ははじめて生きることができるのです。

②「市民」になることの大切さ

「人」は、自分独自の個性や特徴、ジェンダー[*3]、考え方、感情などをもった個人です。その個人が、すべて自分の好きなことを勝手に考え、行動したら、家族、地域（コミュニティ）、社会、世界などは混乱し、各個人はそこから自分を活かすメリットや権利を得られませんし、社会などに貢献したり、自分がそこからエンパワーメント[*4]されることもありません。メリットや権利を得るには、家族、地域（コミュニティ）、社会、世界などの存在を知り、そこでの決まりや義務を理解し、日々の暮らしの中で実際にそれらに関《かか》わることが望まれるのです。これらの理解と行動は、必ずしも意識的に行われるわけではありませんが、交通違反[*5]や法律違反などの実際的な場面で、具体的に自覚させられることもあります。自覚的かそうでないかにかかわらず、日常の様々な局面で、個人は社会における存在となり、「市民」[*6]という存在

＊3　ジェンダー
ジェンダー（Gender）は、後天的・社会的・文化的性別のこと。先天的・身体的・生物学的性別を示すセックス（Sex）に対する言葉です。

＊4　エンパワーメント
エンパワーメントとは、本来もっている能力を引き出し、社会的な権限を与えることです。

＊5　交通違反や法律違反などの～自覚させられることもあります
「Ⅲ-1（2）」の五五ページ参照。

＊6　「市民」
ここでいう「市民」とは、自分が社会における存在で

になるのです。

日本では、自覚的に「市民」となることは必ずしも多くはありませんが、各個人が自分の社会での存在をよく考えるように努める必要があるのです。

みんなでつくる社会

社会は、本当に様々な人やソフトウェアなどの構成要素からできています。日本に住んでいる自分のまわりのことを考えてみてください。

「少子高齢化」という言葉に象徴されるように異なる世代の人がいます。ジェンダーの違いがあります。様々な人種、宗教、文化の異なる人々がいます。国籍の違う人もいます。投票権のある人とない人もいます。ハンディキャップのある人とない人。経済的に恵まれた人とそうでない人。社会的弱者。海外からの留学生や旅行者。海外に留学している人もいます。社会的問題に関心のある人もいれば、そうでない人もいます。[*7]国内の地方と都市、海外の国や地域もあります。企業に勤める人。行政や立法に携わる人。自営業の人。小・中・高・大学などで教育や研究に関わる人や学生など。NPOなどで社会的な活動をしている人。文化や芸術活動をする人など。

このように、[*8]様々な立場や役割、多くの異なる仕事、数え挙げればきりがありません。さらに[*9]社会を構成する個人は、一つの仕事や一つの立場だけで存在していません。しかしながら、これらの様々な要素が、社会を形づくっています。

これらの多くの構成要素が社会を動かし機能させるために、多くの社会のソフトウェアやシステムが存在しています。国の枠組みを決める憲法、国の政策を実行す

あることを自覚しているか、自覚していずとも社会的存在として行動している個人のことです。

＊7　国内の地方と都市、海外の国や地域もあります
「Ⅳ-5（1）（2）」参照。

＊8　様々な立場や役割～数え挙げればきりがありません
『13歳のハローワーク』（村上龍著、幻冬舎、二〇〇三年）には、五〇〇を超える仕事が紹介されていますが、それでも社会にある仕事のすべてが紹介されているわけではありません。

る法律、自治体の政策を実行する条令、行政上の命令。社会のルールやマナーなど。国会や地方議会などの立法機関、中央官庁や地方自治などの行政機関、裁判所などの司法機関、警察署や交番、消防署、公民館、国際機関など。経済活動を行う企業や銀行などの金融機関、映画館や劇場、デパート、商店、学校、病院、福祉施設、寺院などの宗教的施設、社会的活動を行うNPOや公益法人、町内会、様々な活動に関わるグループやNGOなど。一部しか紹介できませんが、これらも社会を構成する要素です。

このように、社会は多様な構成要素から形づくられ、機能しているわけです。市民は、その多様な側面から社会を理解し、自分の役割や義務を知り、そこから得られるメリットや権利を活かしていくことが大切です。

よりよい社会のための「パブリック」

①「パブリック」はあなたのためでもある

このような社会では、各個人で自分が直接関わることだけではなく、その社会全体をうまく機能させることが必要になります。そのために、社会と関わる「パブリック（公共的な）」というものが必要になります。それは、先述の社会的ソフトウェアや社会的システムやそれに関わる活動のことです。日本社会ではこれまで、「パブリック」の枠組みやその活動は、広い意味での官や政府が関わるものという意識が非常に強かったといえます。それ以外のいわゆる民はそのパブリックなことから生まれる結果だけを与えられるもの、外から意見を言うだけの存在だったといえます。

＊9　社会を構成する個人は～一つの立場だけで存在していません

平日に仕事をもつ方が、週末には自分で立ち上げたNPOを通じて、社会的な活動をしていることもあります。個人がこのように複数の役割や活動をすることはなかなか容易ではありませんでしたが、最近そのような多様な活動をする方が日本でも増えてきています。

例えば、公務員の方が社会的な活動をしていることもあります。本書の編集委員の一人の村尾信尚は、国家公務員であった時に、納税者のための行革推進ネットワーク「WHY NOT」（http://webs.to/WHYNOT/）を設立して、その活動は現在も続けています。

しかし、これまで述べてきたことをもう一度考えてみましょう。私たち個々人もその社会を構成し、つくっている存在なのです。税金や投票、市民の活動なども、[*10]個人と社会との関わりであり、パブリックな行為です。さらに、海外では、社会的な活動をする個人である市民が政治体制を変え、指導者を替えたり、NGOなどが、最新の技術などを駆使して、国際政治に影響を与えたりしているのです。

最近の日本でも、市民によってつくられたNPOがいろいろな行政に頼らずに、社会的な活動をしたり、社会起業家やコミュニティ・ビジネス[*11]のように行政に頼らずに、ビジネス感覚を活かしながら、地域の問題を自分たちで解決する動きがでてきています。そこでは、従来の官の発想では生まれなかった新しい手法や活動が行われています。それらの市民の活動は、今後社会的にますます大きな役割を果たしていくでしょう。

例を挙げておきましょう。アメリカでの話ですが、アメリカにも不法滞在の外国人はたくさんいます。それらの方々の福祉や健康については、彼らの社会的立場からも、行政はサポートや援助はできません。しかし、彼らが社会的に問題を起こしたりしないためにも、サポートなどが必要です。この場合、NPOなどが行政に代わって、それを行っています。このことは、行政ができないパブリックな活動をNPOが行っているといえます。別の言い方をすれば、パブリックというものも一つではなく、複数のものがありうるといえるかもしれません。

これらの動きを見ていくと、パブリックはまさに政府あるいは官だけの専売特許ではないことがわかります。つまり、政府あるいは官も、もちろんその役割は今後も存続するでしょうし重要ですが、もはやパブリックを担う一つのアクター（ある

＊10　税金や投票、市民の活動なども〜パブリックな行為です
税金については、「Ⅳ-1」投票については「Ⅳ-2」、市民の活動については「Ⅳ-4」参照。

＊11　社会起業家やコミュニティ・ビジネス
社会起業家とは、社会の問題を行政による対策を待つのではなく、自《みずか》ら組織をつくりお金を集めてその問題の解決を事業化する人のことです。
コミュニティ・ビジネスとは、地域資源を活用しながら地域課題の解決を「ビジネス」の手法で取り組むことです。コミュニティ・ビジネスでは、大阪府豊中市のインキュベーションセ

役割をもって活動する人や組織）に過ぎないのです。そして、市民もまた、パブリックを担うアクターです。近代国家では政府は当然のことのように考えがちですが、歴史的には、政府は常にあったわけではないのです。別の言い方をすれば、社会を機能させ、治めること（統治、ガバナンス）は、政府（ガバメント）だけの役割ではないということです。

　さらにそう考えていくと、政府あるいは官の活動の受け手としての民ではない、パブリックあるいは社会の担い手としての市民というものが浮かび上がってきます。この市民は、個性や多様な価値観や感情をもつ存在です。ですから、自分の社会に愛着をもちながらも、愛着があるからこそ批判精神をもち、場合によってはそれに不満を感じ、考え、時には主張し活動するのです。

　社会で起きることの結果は、最終的に社会を構成する個々人に影響します。その結果は、ある意味では自分とパブリックとの関わりの結果であるといえます。つまり、自分が社会あるいはパブリックにきちんと関わらないと、最終的には不利益を蒙《こうむ》ることもあります。現在起きている様々な問題[*12]をみれば、そのことは実感できるはずです。その意味でも、個々人は、市民として[*13]、社会に関心をもつことも含めて広い意味での社会的な関わりをもつことが大切です。

②あなたにもある「市民」としての役割（ミッション）

　これまで、市民のパブリックとの関わりについて述べてきました。しかし、このことは、すべての市民が、社会活動をしろとか、議員になれといっているのではあ

ンター　MoMo（http://www.lets.gr.jp/momo/）が、新しいパブリックの構築の場として参考になります。

＊12　様々な問題
例えば、名目GDPをも上回る日本の長期債務に象徴される巨額の財政赤字（「Ⅳ-1」の一〇八ページ参照）、デフレ、少子高齢化、高い失業率、年金問題、高まる老後の不安、児童の学力低下、役所や企業の不祥事や問題、犯罪の多発化、環境問題、異常気象、低下する国際競争力、国際テロをはじめとする国際問題などが挙げられます。

＊13　市民として
市民として社会に関心をもつことを含めて、市民の

りません。社会には、多種多様な職業があるのと同じく、各市民には多彩な社会やパブリックとの関わり、つまり各市民の各自のミッション[*14]があるのです。

ある人はデモに参加し、ある人はある社会問題を解決するためにＮＰＯを立ち上げて活動したり、またある人は自分の住む場所で環境問題を解決するためのビジネスを始めたりします。議員に立候補、当選し、自分の信じる政策実現のために議会で活動する人もいるでしょう。またある人は、社会の諸問題に絶えず関心を寄せ、勉強し、新聞に投書する人もいるかもしれません。自分の信念に基づいて、選挙で候補者を選ぶのも大切な市民のパブリックに関わる活動です。他にも様々な活動が考えられますが、これらはすべて、各市民が自分の経験や考え、価値観から構築した自分のミッションに基づく活動であるといえます。そこでの市民とは、まさにあなたであり私なのです。そして、それらの活動のどれも正解であるといえます。そのような自分の立場や主張のもと、自分が社会やパブリックの中で何ができるかを考え、自分がどういう社会にしたいかというビジョン（一般的には構想や方向性を指しますが、ここでは将来社会に対する思いなど広い意味でとらえています）を構築し、自分の社会的なミッションを確立し、それに基づき行動することが大切です。そのミッションや行動は、立場や考え方で変わるでしょうし、むしろ絶えず再考することが必要です。

そして、各市民のミッションの協調とせめぎあいの中から、他の構成要素との関連で、パブリック自身も形成されてくるものなのです。

そのような関心が、政府活動や議員活動の抑制や監視になるのです。

＊14 ミッション
一般的には使命・任務を指しますが、ここでは社会における広い意味での何らかの役割のことです。

【参考文献】
・『あなた自身の社会 スウェーデンの中学教科書』アーネ・リンドクウィスト他著／川上邦夫訳、新評論、二〇〇三年
・『アメリカに学ぶ市民が政治を動かす方法』バリー・R・ルービン著／鈴木崇弘監訳、日本評論社、二〇〇二年
・『「行政」を変える！』村尾信尚著、講談社現代

よりよい民主的な社会をめざして

①私たちと民主主義

民主主義は、個々人を尊重し、個々人が関わり、広い意味での社会的合意を形成していく政治システムですが、完成され固定した最終形態ではありません。民主主義社会とは、そこでのアクターが絶えずどういう社会がよいか考え続けていかないといけないシステムなのです。つまり、絶えずその理想形態を希求する未完成の政治システム、追い求められるべき理想であるといえます。

英国の故ウィンストン・チャーチル元首相は、かつて次のように言いました。

「誰《だれ》にも民主主義が完璧、全知であるなどと言えはしない。事実言ってみれば今まで時々に試してきた政府形態を全部除外したら、民主主義は最悪のものだ」

つまり、民主主義とは現時点でとりうる「少しはよりよい」方策であり、絶えず改善し続けるべき未完の「過程（プロセス）」なのです。人間がつくる制度に完璧なものなどないのです。未来においても、完璧なものにはならないでしょう。その意味で、それに関わる市民が、ありのままの人間として、民主主義をよりよいものとすることを大切に思い、そのための努力をすべきなのです。

他方、日本社会が民主主義社会としてきちんと機能するには、自由さと多様さのある構成要素からなっているとともに、それを機能させるために社会的ルールや慣習、社会的義務や責任、さらに社会を動かしていく制度や法律や規則などのようなパブリックなものが必要になるのです。その双方があって、社会全体が固定されず

新書、二〇〇四年
・『芸術立国論』平田オリザ著、集英社新書、二〇〇一年
・『現代社会「地球社会に生きる」』河合秀和監修、教育出版、二〇〇四年
・「小泉流？ 岡田流？ 私の党首論①橋本治さんに聞く」『朝日新聞』二〇〇四年八月一〇日号
・『国境を超える市民ネットワーク』目加田説子著、東洋経済新報社、二〇〇三年
・『在日』姜尚中著、講談社、二〇〇四年
・「次世代型シンクタンクの条件　アメリカから見た日本のシンクタンク」『幕張アーバニスト』第四号、一九九七年
・『市民の政治学…討議デ

に、様々な輝きと活力を有しながら動いていけるのです。つまり、民主主義に基づく日本社会は、多様性と規則性が並存ししかも絶えず変化することで無限の美しさを見せてくれる万華鏡のようにならなければいけないといえるかもしれません。ただ、このような多様性と規則性の度合い自体も無数の組み合わせがあり、そのバランスをとることは難しいのです。現在の日本では、東京を中心とした都市部では多様性が多い反面、人と人との関わりや社会的ルールが希薄で、その面で行き過ぎている部分もあります。他方それ以外の多くの地域では人同士の関わりが都市部に比べると深い部分もありますが、それだけ多様度や自由度が相対的に制限されている面もあります。日本全国均一である必要はありませんが、他の地域や日本全体さらには世界に対しての視野をもちながら、各地域の個人と社会が活き活きとできるような、適正なバランスのとれた形での地域別民主主義を構築する必要があります。

　このような民主主義では、その構成要素間をとりもつものとしてのコミュニケーションの重要性を忘れてはなりません。ここでいうコミュニケーションとは、様々な形態があります。例えば、選挙も有権者・市民と候補者・議員との一種のコミュニケーションといえます。コミュニケーションは民主主義の基礎であるといえます。

②市民の役割とは何か?

　民主主義では、まさにそのパブリックは各市民が関わるものであり、市民がそれを形づくっているといえます。そして、その社会やパブリックから最終的に影響を受けるのは、各個人です。その意味で、各個人は意識的か否《いな》かに関わらず、それな

モクラシーとは何か』篠原一著、岩波新書、二〇〇四年
・『13歳のハローワーク』村上龍著、幻冬舎、二〇〇三年
・「戦後六〇年、『歴史』が主役に　日本@世界」船橋洋一著、『朝日新聞』、二〇〇四年一二月三〇日号
・「台頭するNGOパワー」ジョセフ・ナイ、『朝日新聞』二〇〇四年八月一一日号
・『デモクラシー』バーナード・クリック著／染谷育志、金田耕一訳、岩波書店、二〇〇四年
・『日本国憲法の二〇〇日』半藤一利著、プレジデント社、二〇〇三年
・『はじめて出会う政治学

りに社会的に関わり、市民として社会的役割を果たせなければ、最終的には自分が不利益を蒙る可能性があります。別の言い方をすれば、市民は、自分が生まれ育った社会を理解し、主体的に社会に関わり、場合によってはその社会の現制度などをも変えることがありますし、それをしなければならないということです。

例えば、「お上」という言葉に表されるように、役所は権威があり正しく変わらないものという意識がこれまで社会全体に広がっていました。しかし、今の日本をみればわかるように、役所を社会や人々のニーズに合うように、情報が的確に公開され、透明性があり、役所の行う活動に対して説明責任が果たされるようにする必要があるのです。つまり、ここでいうパブリックに関わることは、単に現状を受け入れる受動的なものではなく、能動的なものなのです。

これからの市民には、単に社会的問題意識をもっているだけではなく、自分および家族、自分の住む地域や社会や市民に対して愛着をもち、もっているがゆえに、パブリックに関わり、それをよりよくしたいと考えることが望まれます。そして、社会が市民を育て、市民は社会に関わることで成長し、市民が社会を育てるのです。そして、各個人が、自分の存在する社会を理解し、自分の役割を理解し、必要とされる情報、スキルや素養を身につけ、「市民」になることが必要なのです。私たちは、その身につけるべきものの総体を「シチズン・リテラシー」と呼びたいと思います。

この「シチズン・リテラシー」自身も時代や社会で絶えず変わります。それは、民主主義社会の「レゴ[*15]（LEGO）」のような存在です。市民がパーツ（部品）を組み合わせることで、自分の社会に適した形態の民主主義を構築し、状況に応じてつく

新版　フリー・ライダーを超えて』北村俊哉他著、有斐閣アルマ、二〇〇三年
・『判断力はどうすれば身につくのか　アメリカの有権者教育レポート』横江公美著、ＰＨＰ新書、二〇〇四年
・『ハンドブック市民の道具箱』目加田説子編、岩波書店、二〇〇二年

＊15 「レゴ（LEGO）」
「レゴ（LEGO）」は、何種類かの同じパーツでありながら、組み合わせを変えることで多様な道具、建物、乗り物などを作ることのできるデンマーク生まれの玩具です。LEGOは、デンマーク語で「よく遊べ」という意味です。

り変えていくもので、市民がパブリックで役割を果たすための基礎になるものです。

③求められるリーダーシップ

社会は、単にエリートが指導すればよいというものではありません。むしろそれは民主主義の趣旨に反するといえるかもしれません。しかし、民主主義のダイナミズムを保持し、その社会が向かうべきビジョンを構築し、その理想を追求し続けるためには、「Excellence（卓越性）」[*16]を備えた人材が示す「リーダーシップ」も必要です。そのリーダーは、家族の中にも、学校にも、ビジネスにも、地域社会にも必要です。社会において人々の健康と安全を守り、その社会を愛する人材です。そのような「リーダーシップ」をもつ人材と市民の協働作業、ある時は競い合いの中からしか、民主主義は進んでいかないのです。

チェック・アンド・バランス

くり返しますが、民主主義は、よりよいものを絶えず求める過程です。そのような過程であり続けるためには、社会の中に、対抗し、チェックする存在が必要です。その存在が、停滞や腐敗を防ぎ、絶えざる変革をもたらすのです。

そのための制度として[*17]最もよく例にでるのが、立法、行政、司法相互の牽制《けんせい》からなる三権分立制です。他にも、公正取引委員会のような独立機関や民間の企業における株主総会など、常にすべての権力は集中化し強化に向かうので、権力を分散させ、その強大化をとどめ限定し統制するために、その権力を監視・統制（チェック）

＊16 「Excellence（卓越性）」
この言葉が意味するのは、指導性、構想力、コミュニケーション力、個性、人間力、専門性、知力などの総体において優れていることです。

＊17 そのための制度として～三権分立制です
ただし、社会によっては、この三権分立が、制度上存在しても、実際上は必ずしも機能していないこともあるのも事実です。三権分立については、「Ⅲ‐2」の七一ページ参照。

＊18 このことの例
アメリカ独立宣言参照。独立宣言には、国王が人々に対して犯した罪状が具体

し、行きすぎを抑えて全体としてのバランス（均衡）をとる方策としての社会におけるチェック・アンド・バランスを維持し、社会を進展させていくための多くの制度があります。先述したリーダーが、社会的にチェック・アンド・バランスの役割を果たし、社会の行き過ぎを抑えることもあります。

　また、前の歴史や失敗などを総括し、責任を取ることが重要です。その結果が社会的な情報の蓄積になるのです。その情報を次に活かし、それを基にして、社会を変えるのです。そしてこのことも、実は時間という要素を社会的枠組みに入れて、チェック・アンド・バランスをはかり、民主主義を育てることになるのです。一七七六年にだされた「独立宣言」をはじめとするアメリカの歴史に[*18]このことの例を見ることができます。

　しかし、どんなシステムやどんな優れた個人でも、完璧ということはありえません。その意味からも、ＮＰＯやＮＧＯの活動、市民活動、選挙、言論活動などの多様な活動の中で、市民が最終的にチェック・アンド・バランスの役割を果たす必要があるのです。最終的な責任と影響を受ける市民以外に、その役割を果たせるものは、社会にないといえるかもしれません。私たちは、そのことを今一度思い起こすべきだと思います。その意味で、個人は市民としての責務を負っているといえます。

的に書かれています。

また『民主主義の危機…現代アメリカへの七つの挑戦』の「2章　第一の挑戦—権力分立」参照。

【参考情報】

・『民意民力』澤昭裕他著、東洋経済新報社、二〇〇三年

・『民主主義の危機…現代アメリカへの七つの挑戦』ウイリアム・E・ハドソン著／宮川公男、堀内一史訳、東洋経済新報社、一九九六年

・『儲けはあとからついてくる　片岡勝のコミュニティビジネス入門』片岡勝著、日本経済新聞社、二〇〇二年

・『リビング・ヒストリー…ヒラリー・ロダム・ク

リントン自伝』ヒラリー・ロダム・クリントン著／酒井洋子訳、早川書房、二〇〇三年
・『二十世紀を見抜いた男―マックス・ヴェバー物語―』長部日出雄著、新潮文庫、二〇〇四年
・『市民社会論』入山映著、明石書店、二〇〇五年
・『CAPへの招待―すべての子どもに「安心・自信・自由」の権利を』CAPセンター・JAPAN編、解放出版社、二〇〇四年
・シティズンシップ教育推進ネット
(http://www.citizenship.jp/)
・政策学校〝一新塾〟
(http://www.isshinjuku.com/)

Ⅱ. 日本人にとっての市民と民主主義を考えよう

Point

個人、市民、民主主義という言葉はよく使われますが、これらは本当に私たちの中に根付いているのでしょうか。本章ではアメリカと比較しながら、「個人や市民」「民主主義」について考えていきましょう。

Ⅱ-❶ 日本人にとっての市民と民主主義を考えよう（アメリカン・デモクラシーとの比較から）

ここでは、日本とアメリカを比較しながら、「個人や市民」、「民主主義」について考えていきましょう。

[*1]何かを考える時、問題がある時には、比較をしてみたり、できるだけ具体的なことを見たりすることはとても大切です。その対象は歴史の中から探すことも、また違う場所、異なる国に起こっていることからも探せます。

ここでは、アメリカの同時代の市民とシチズンシップ（市民性）また民主主義と、日本のそれらとを対照しながら、これからの日本人としての私たちが、どのような「市民」になることができて、それによってどんな可能性と希望をもつことができるのか、ジャパニーズ・デモクラシー（日本型民主主義）の可能性について考えてみたいと思います。

誇り高き「一市民」として

二〇〇四年六月にアメリカの第四〇代大統領ロナルド・レーガンが九三才で死去

＊1 何かを考える時〜とても大切です

「比べることをしないと、人はどう考えたらいいのかなかなかわからないものである」"Without comparisons to make, the mind does not know how to proceed."

これは一八三〇年代に若くしてアメリカを二年旅したアレキス・トクビルの言

しました。レーガン大統領は一九八〇年代のアメリカの復権をもたらした大統領として評価されますが、一方でいわば市民派大統領として記憶されています。それは大統領がその出自を「民間市民（private citizen）」とし、知事、大統領という公職を経て、再び一民間市民として生きることを誇りにしたからです。大統領の多くのスピーチは「わが仲間、市民よ（My Fellow Citizen）」と呼びかけ、辞任後もアルツハイマー症で公の活動から退くまで、そのスピーチにはしばしば「一市民として」という言葉が強調されて出てきます。一九八〇年代以降、特に、「市民」という言葉がアメリカで高らかな響きをもったのは、レーガン大統領の少なからぬ貢献があったといえます。

日本では「あなたは市民ですか」といった質問や、「私は市民です」と言うことは、多くの人にとってまだ戸惑いがあると思います。時代を反映することが早い新聞やメディアでも「市民」や「市民社会」という言葉が出てくることは、まだ必ずしも多くはありません。もっとも「市民」という言葉は、私たち日本人の感覚に響く歴史的な背景をもっていないので、それは無理のないことです。

もともと「市民」と「市民性」という言葉と概念は、その昔、紀元前五世紀のギリシャに起源をもっています。市民とは、その語源から、ある民主的な政治的共同体、集団の中で認められた平等な資格をもつ構成員であり、その主体は共同体・集団が定める構成員のもつ権利と義務によって確立されるものとされています。ギリシャ時代の都市国家に住む、自由な成人男子のシチズンシップは、市政（国政）に参与する資格をもった人々、「公共であるもの（public goods）」の形成に参加する

葉です（Democracy in America, Alexis de Tocqueville）。

人々の中に見いだされました。つまり市民とは、その属する政治集団がもつ政治秩序の中で、代表者を選ぶことができ、また代表者に選ばれて、その政治集団の公職・役職に就くことができて、パブリックなもの、公的なものの決定と執行に関《かか》わる人々でした。市民になれるのは限られた人々でしたから、市民となることは名誉であり、また市民は同時に「市民としての徳」をもつことが求められました。こうした市民からなるギリシャの都市国家の政治秩序をデモクラシーと呼びます。

デモクラシー（democracy）は日本語で民主主義と訳されますが、これはギリシャ語のデモクラチア（demokratia）、すなわちdemos（people［人民］）とkratos（rule［支配］）の合成語で、人民による支配（Rule by the people）という意味です。デモクラシーは、ある政治的平等をもつ人々によってつくられた集団としてのまとまり（都市国家）とその政治体制（政府）、すなわち人々による支配を実現する執行体勢を指しています。直訳すれば人民統治、民主統治ということです。[*2] ギリシャでの人民とは、都市国家の市民を意味し、デモクラシーと市民は相互に密接に補完しあうものであったわけです。

古代ギリシャの市民とデモクラシーもそれで定義され定着したものではなく、その後、歴史の中で多くの変遷をとげました。いくつもの市民革命を経て、近代西欧社会は、よき市民とよりよきデモクラシーを希求するという理念が中核を占めるようになりました。このギリシャで生まれた「市民」と「デモクラシー」は、西欧の人々を揺り動かし、心をかきたてる、いわば「大儀」としてよみがえってきました。

市民であること、デモクラシーを学び求めることは、人々の情熱をかけ、時には

＊2 直訳すれば人民統治、民主統治ということです

デモクラシーという言葉は市民よりももっと早く、明治時代に日本に入ってきました。しかしながら、デモクラシーを「民主主義」と訳したことは、あまり適切ではなかったように思わ

命をかける価値あるものとして受けとめられるのです。ことにここ二〇年のアメリカ（イギリスもそうですが）では、大統領のスピーチをはじめとして、主要な新聞の記事にも、ラジオにも、市民とデモクラシーという単語が出てこない日はないといってよいでしょう。

日本は長く儒教倫理に基づく統治の理念をつくってきました。儒教が生誕したのは紀元前五〇〇年ごろの中国においてですが、儒教の中心は、君主政治の安寧を前提とし君主とその臣民の道徳を説いたものといえます。それが中国や韓国を経て日本に伝えられて、日本の精神と文化に深く影響を与えました。明治維新によって江戸時代の統治における士農工商（この四階級を合わせて「四民」と呼びます）の階級制度は取り払われ、大日本帝国憲法下、日本は近代国家となりました。しかし明治憲法は、国家の主権を天皇におき、限られた人間による集権統治制度を定め、天皇と皇族以外の日本の人々は臣民として規定しました。第二次世界大戦の終了直後、連合国とりわけアメリカの指導によって草案され一九四六年に制定された日本国憲法によって、国民の基本的人権が確立され、国民主権国家がつくられました。ここで日本人ははじめて民主主義を謳《うた》い、西欧型のデモクラシーをとり入れたことになります。

新憲法のもとで六〇年近い年月がたち、日本はアメリカについで世界第二位の経済力をもつ経済大国になりました。しかし、あらゆる場で私たちは自分自身を「市民」と呼ぶこと、そして民主主義（デモクラシー）を議論するということへの躊躇《ちゅうちょ》をもっています。この議論の量の差、目立ち方の差が、実は今、日本社会と西欧社

れます。なぜならデモクラシーは明確なひとつの定義と思想の枠組みをもつ「主義（イズム）」ではないからです。

もともとこの言葉は、デモとクラシー、民衆と統治という言葉から成り立っている、ひとつの政治制度を示す言葉といえます。ここには「主義」すなわちイデオロギーという言葉はありません。デモクラシーが主義という言葉を含んで訳されていると知ると、アメリカ人は驚きます。この言葉の含意の違いは、デモクラシーの理解の落差と、日本での民主主義の成長に、ひとつ大きな障害となっているように思います

会、特に日本とアメリカやイギリスとの間の最も大きな違いであるということができます。アメリカは企業大国、軍事大国であると同時に市民大国、市民と市民社会が極めて強力な社会でもあります。

●アメリカの大統領選挙

二〇〇四年一一月に、アメリカは合衆国第四四代の大統領を選びました。この選挙は合衆国の最高法規である憲法が定めた四年ごとの大統領選出制度に則《のっと》ったものですが、今回の選挙は多くのアメリカ人にとって人生で、最も重要な意味をもつものといわれました。その最大の理由は、この選挙が、二〇〇一年九月一一日に起こった同時多発テロ（テロリズム）という、一時に三〇〇〇人を超える一般市民が犠牲となった惨事後はじめての大統領選であったことと、アメリカが一九七二年以来はじめて戦時下にある選挙であったこと、これはつまり大統領が米国軍総司令官としての任務に就いていることから、その信任を問う意味をもちました。また、アメリカが、第二次世界大戦後に生まれたベビーブーム世代が退職年齢をむかえるという大きな人口動態の変化が起こる前の選挙となったことでもあります。アメリカが国外に向けても、国内においても、歴史上まれに見る大きな問題を抱えた選挙であったのです。

政府のあり方や政府のかたちを市民が決め、それに政策の形成から決定や運営を委託し、もし政府が信託にそぐわない、信託に値しないと市民が思ったならば、その「政府を取り替える」ことができるということが、アメリカのデモクラシーの根幹です。アメリカ合衆国は行政、司法、立法の三権分立という制度をとりますが、その中でも行政の長たる大統領の選択は政府を形づくる最も基本的要素と考えられ、市民の信託の核心です。

●政策と市民

大統領選はことにテレビが重要な情報伝達の手段になってから、映像に影響されたイメージが有権者の選択の主要な部分を占めているといわれます。今回の大統領の討論会はテレビやラジオを通じて、全国津々浦々まで流され、市民の大きな関心を呼び今までになく高い視聴率でした。三回の討論に出てきた政策の争点は、公正、貧困、通商、雇用、財政、教育、年金社会医療保険、エネルギー、環境、人権、安全保障、外交、価値観の問題にいたるまで、あらゆる公共政策の領域にわたりました。

近年の大統領選の主要な争点は経済と雇用にあり、論争は単純化できました。しかし今回は、経済活性のためブッシュ政権が行った大規模な課税削減と、一方で拡大型の政府支出によるかつてない財政赤字の膨張、その明らかな原因であるテロとの戦いのための軍事費の急増、国内安全のための政府機能の拡大による支出と、経済と雇用だけでくくることのできない、単純化できない多様な政策が複雑に絡《から》まっていることがわかりました。また、現在のアメリカの社会がいかに多くの問題を扱わなければならないか、大統領は何をもって政策の優先性を決めるのか、市民はどれだけの問題にどれだけの選択の幅と可能性をもつのかについてもわかりました。

一方、これほど問題が複雑なのだから、すべてを市民が理解できるわけではないとして、結局は大統領のリーダーとしての人格に信託しようとする傾向も強く出てきました。本来政治とは切り離されてきた、宗教や信仰、価値観の問題が表だって取りざたされたことも特徴的でした。そして結果をみれば、アメリカ市民は単純なわかりやすい論理を、そして、アメリカの国力への威信に信頼を託したといえます。

市民と選挙権

この大統領選挙の特徴的なことのもうひとつはこれが世界中の国々からの関心を呼んだことでした。それは単なる一国内の選挙というには、アメリカの大統領のもつ力と影響力が大きいからです。現在アメリカは経済においても軍事力においても世界最強を誇り、その強さをもって戦争を起こし世界秩序をつくっています。その張本人である大統領の選挙はグローバルな影響をもつという、極めて時代を象徴するものとなりました。多くのアメリカ人以外の人々が、もし自分にも選挙権があったなら、と願ったのです。

二〇世紀の後半の世界の最も大きな歴史的変化は、人々が、かつてなく自由に、多くの国を旅し、あらゆるところで暮らすことができるようになったことです。歴史上、移動と居住の自由がこれほど大きく拡大されたことはありません。しかし現実にはどこかで、その国の市民（国民）であるか否か、国籍と市民権ということが問題になります。

市民ということを考えるとき、実はこの国籍ということを考えないわけにはいきません。最近はグローバルな市民[*3]という言葉が欧米でも使われるようになりましたが、そこでいう市民がどこの国籍ももたない人間であるということは（まだ当分は）

＊3　グローバルな市民
「Ⅲ・1」の四九ページ、「Ⅳ・5（2）」参照。

＊4　「市民権」の獲得
アメリカでの市民権の獲得における試験の質問事例にみる市民知識を挙げてみると、次のようなものがあります。
国旗と国歌について／国旗の意味するものは何か／アメリカの成り立ちについて／「我に自由を、さもなくば死を」と言ったのは誰か／独立戦争と独立宣言の意味／初代大統領は誰か、また現在の大統領は誰か／大統領はどのようにして選ぶのか／憲法とは何か／憲法はどのようにして決められるのか／人権憲章とは何か／政府とは何か／政府の

ありえません。生まれてきた人間はどこかの国に属した存在です。近代国家はその個人を守る責務がありますが、同時に個人はその属する国に拘束されているということができます。個人の自由と人権はその人が所属する国家の法律によって守られかつ拘束されます。

　日本は憲法と法律によって「日本国民」とは何かを規定しています。基本的には日本人である両親から生まれた子どもは日本国民となります。ある他国籍のひとが日本国民になる、すなわち帰化することは可能ですが、厳しい条件が付されていて、極めて限られたことであるといえるでしょう。

　一方アメリカは移民によってつくられた国です。その歴史と発展は、外からの移民を受け入れ、国民とすることによって成り立ってきたといえます。それゆえ「市[*4]民権」の獲得（アメリカ以外で生まれた、アメリカ人でない人間〈他国籍者〉がアメリカ国民となることを政府に認められること）は、それが他の国と比べてかなり容易です。時の政権によって左右されてきたとはいえ、[*5]基本的には自由の女神に象徴される「開かれたアメリカ」を理念として、市民権の獲得を奨励し、実際に市民権を膨大に発行してきたのです。このアメリカが市民権の最大の特典として掲げるのが選挙権です。民主社会の構成員にとっての最大の基本的権利で、一票をもって政治すなわち統治に関われること、政府をつくり、取り替える権利をもてること、これが選挙権です。

　アメリカは多くの移民を市民として受け入れながら今、二億八五〇〇万人の人口をもつ国となり、さらに人口を増やし続けています。こうした中でアメリカが国と

かたちと三権の役割について／議会、議員の構成／司法について／最高裁首席裁判官は誰か／あなたの州の知事は誰か／独立時の一三州とはどこか／大統領となる資格は何か／独立宣言の著者は誰か／独立宣言の理念は何か／人権憲章が保障する権利と自由とは何か／誰が奴隷《どれい》を解放したか／米国市民となる便益を挙げよ／市民に認められる最も重要な権利とは何か。

＊5　基本的には〜市民権を膨大に発行してきたのです

アメリカ市民となることの「便益」として、

①選挙権がもてること、および連邦政府の職に就け

しての一体性を保ち、民主的統治を進めていくのは大変なことです。ここにデモクラシーと市民の教育が非常に重要な役割をもつことが容易に理解されるでしょう。

大統領選挙と市民教育

アメリカの公教育（public education）には、三つの目標があるといわれます。①勤労者として、②市民として、③個人として、時代にふさわしい能力をもつことを助けることです。これを解釈してみると、①の勤労者としてということは、時代の経済と産業の中で生きる糧《かて》を得て、経済的に自立できる働き手となること、②市民としてということは、アメリカの民主制度の担い手であり受け手としてその権利と義務を履行する能力をもつものとなること、そして、③の個人としてということは、それらを包括して、人間一個人として自己を最大限に開花させる自由な創造的個人としての能力の獲得ということです。これがデモクラシーの保障する機会の平等のための教育の目標ということができるでしょう。これらの能力を「知力」「治力」「創造力」と呼べるかもしれません。

アメリカの公教育は基本的に州と地方自治体の責任であって州の憲法によって決められており、教育の内容や制度における国家による統一的な基準はありません。公教育の内容も州と地方で様々に異なりますから一概にはいえませんが、二〇〇四年にはアメリカ国中の中学、高等学校で、模擬政党大会や模擬大統領選が行われたはずです。大統領選挙は、前にも述べたように、アメリカの政治制度にとって最も重要なものですから、このシステムを理解し遂行する能力は市民にとっては必須の

ること。
②反移民関連法からの安全。
③国外追放からの安全。
④アメリカ国外に住む自由、または長期の旅行ができること。
⑤アメリカ国外に旅行中の時の特別の権利と保護。
⑥アメリカ国に戻ることが容易。
⑦家族員の移民を助けることが容易。
⑧公的な福祉の受益資格。

と、いったことが挙げられます。

なお、帰化申請手続き文書には近年の居住歴、雇用歴、国外への出入りと日数、犯罪歴、ナチスとの関係がなかったかなどを書かなければなりません。

ものです。ヒラリー・クリントンは、高校の模擬選挙での経験で政党と政策を学び生涯の政治姿勢を決めたと自伝に書いています。どれほど多くの子どもたちが、[*6]こうした模擬選挙の経験から、政治を目指し、ジャーナリストを目指し、実際今アメリカのデモクラシーを支えるところで働いているか、その教育の成果ははかりしれないものがあります。

[*7]選挙の年に限らず「あなたが大統領であったなら、その時どうしますか？」といった問いから考えさせ調べさせ議論するといった授業は、歴史や政府といったクラスでの授業を含めて中学、高等学校の教育で活発にとり入れられています。大統領はアメリカで生まれていなければならない唯一の公職ですが、連邦政府議会議員、州知事や市町村長は市民権をもつあらゆる市民が就くことができます。そして誰《だれ》かがならなければならないのですから、それは「あなた」の問題なのです。デモクラシーとは、あなたが国をつくる当事者なのですよ、あなたは国づくりに権利と責任をもつ市民なのですよということを絶え間なく求める制度です。

デモクラシーの教育

[*8]先のウィンストン・チャーチルの逆説的な言葉のように、デモクラシーは今、人類が取りうる「少しはよりよく」、ましな社会政治制度であり手段ということです。これは永遠の行進であり、プロセスなのです。投票ということひとつをとっても、一票の平等ということでも、実は完璧な実施も、絶対的唯一の方法もないのです。

ではなぜデモクラシーが他の統治制度よりましなのか。それはデモクラシーがあ

＊6　こうした模擬選挙の経験
アメリカでは模擬選挙のことをMock Electionと呼びます。一九八二年に発足した模擬投票を通して政治教育を進めるNPO団体の全国学生親模擬選挙（NSPME［National Student/Parent Mock Election］の略。http://www.nationalmockelection.com/index.html）などが中心となり、全米の小中学校、高等学校で行われる模擬投票の結果が集計・公表されています。
なお、模擬選挙については、「V-2」Action⑨参照。

らゆる人間の尊厳のうえに成立する唯一の政府の形態といえるからです。人類の進歩は、ひとりの人間の、あらゆる人間の、人間としての権利が広げられ確立されてきた長い道程です。特に近代市民革命以来、人間は基本的に自由であり平等であると考えるほか考えようのないものであるということを獲得しました。このようないわゆる自由権的人権の思想は、人間がひとたびそれに思い至った以上、もう決して否定されることができない、それ以前の思想に戻ることは不可能なものです。

アメリカ人が、常に立ち戻り考えるもとには、独立宣言と憲法、そして人権憲章があります。一七七六年の独立宣言はすべての人間は生まれながらにして生命、自由、そして幸福の追求を付与の権利とすると謳いました。そのうえで、この権利が損なわれた時には、人々はその政府を変えることもまた政府を破棄することもできるとしたのです。

この独立宣言の著者、アメリカの建国の父のひとり、トーマス・ジェファーソンはまた公教育と市民教育の必要性を説いた人です。彼の偉大さは社会の究極の力の安全な受託者は人々そのものであると言ったことです。そして、もし為政者（統治を委託された者）が、委託した者（人々）が自由裁量で行う統制自治ができるほどの十分な能力をもっていないと考えたとき、それを阻《はば》むことではなく、まさに逆に人々にその統制の自由裁量を積極的に与えていかなければならないと考えました。そしてすべての市民が最も身近で興味のもてる自分の地域の自治の仕事に関わり、自治体の現役メンバーとなることが、国の独立ということと、憲法への強い関心をもたせることになり、その強い関心をもつ人間が多々存在することが、国の力だと

＊7　選挙の年に限らず〜中学、高等学校の教育で活発にとり入れられています

こうした市民教育とリーダーシップ教育は、高校におけるコミュニティ・サービスの課程単位などに結合されています。コミュニティ・サービスは、ワシントン周辺では、三〇時間ほどが高校卒業のための必須課目とされています。

＊8　先のウィンストン・チャーチルの逆説的な言葉

「Ⅰ-1」の一七ページ参照。

考えたのです。集権化と大きな権力による介入と管理は、権力が欲する方向に動かすためにはとても効率的です。ところが、一旦これによって権力への依存心が大きくなると、逆に上が何をすべきか命令するまで動かなくなり、結局とても非効率になってしまうのです。そして最も避けなければならないことは、依存が人々の感動を奪い、人々が無関心になることなのです。これは特に教育において大事なことです。子どもたちを含め教育に関わる親たちと地域のコミュニティが、学校の教育と学校の運営に関心と熱意をもつこと、参加することが不可欠であることを示唆します。情熱と感動のないところに子どもたちが育つ根源的な力、一人ひとりが愛され大切にされ、自立を支えられているのだという確信は生まれてきません。

民主的社会の目的は人間の尊厳を確立することにあります。民主的な方法はあらゆる人間にその本質的な能力を最大に保ち、かつ啓発するものなのです。開かれた社会の制度機構の整備そのものに意味があるのではなく、整備が必要なのはそれがあることが自由な個人を育むということであり、そうした個人こそが、社会の、歴史の、無尽蔵の宝であり、源泉であるといえます。人間の尊厳と人権に対する感性が鋭敏でないところでは、デモクラシーは育ち栄えることは困難です。逆にあらゆる社会制度と組織機構というものは継続的更新を必要とします。デモクラシーもしかりです。そして更新というものは自由、多元主義、そして個人の価値の尊重なしには不可能であり、自由は、権力の強大化をとどめ限定し統制することを必要とします。常に権力は集中化し強化に向かいますから、権力の分散ということはまた終わりのない仕事となるのです。

しかしこれらの仕事の担い手となる人間は自然にひとりでに生まれてくるものではありません。社会が更新を望むならそこは創造的な人間を受け入れる開かれたものでなければなりません。そしてまた社会は自己更新のできる人間男女を産み出すようでなければなりません。あらゆる社会と組織の更新は誰かそれを気遣う者がいてはじめて前進します[*9]。無感動と無関心、動機の低下は、ある文明が衰退する最も明瞭な特徴です。またひとりよがりの思考はたびたび間違いを起こすものです。真理を追求する心と自由で開放的な意見と討議によってはじめて、人間のよき発展を阻むものや、自由と人権、公正と正義への問い、幸福の追求を阻害するもの、不正、不条理に対する疑問が出てきます。それは家庭から始まり、地域コミュニティで、学校で、常に活性化されなければなりません。こうした様々な機会を通じて普遍性につながる問いを見つけ、建設的批判精神と創造へのエネルギーが生まれるのです。自由に生きようとする人間は、自分の自由が他者の自由とともにあること、自分の自由と他者の自由を阻害する社会の不正と闘う勇気をもち、その公憤《こうふん》を、生きる情熱と意思を支える力とすることができる人間です。デモクラシーはこうした市民によって持続し発展することができます。

愛国者としての市民

「自分の国を批判するとともに、これを慈しみ、心にかけなければならない。自分の国の欠陥を直視するとともに、その長所を強化しなければならない。古ぼけたビジョンの持つ偽善性に気づくとともに、新しいビジョンづくりに手を貸すことをた[*10]

*9　あらゆる社会と組織の更新は～はじめて前進します
「I-1」の一七ページ参照。

*10　「自分の国を批判するとともに～ためらってはならない」
J.W.Gardner In Common

めらってはならない」(J. W. Gardner)

活発な建設的批判は民主的国家にとってその生命の核心です。今のところ、国家は人々にとって最大の権力機構です。歴史が示すことは、その大小を問わず、ある機構が長期にわたって外からの監視と批判を退け既存体勢と既得権益（個人や団体などが既にもっている権利から得られる利益）に固執すれば、硬直と閉鎖によって必ず内部の腐敗を招き脆弱《ぜいじゃく》化し崩壊に向かいます。既存の価値の無批判な継承と伝統の復権と保持を掲げるナショナリズムを愛国心の基準とする市民によっては国は救われません。また他方、愛のない、反対し壊すことだけでナショナリズムを破棄しようとする、破壊的批判者によっても救われません。批判なき愛国者にも愛なき批判者にも社会の更新と進歩のダイナミズムをつくりだすことはできないのです。

様々な人権と公正への願いや公憤は、仲間を得て、自覚したものの集団がつくられ、社会に働きかけていくことで、人間的な組織が育まれ強化されそして繁栄するように働きかけることによって、希望と感動を携えつつ、目的を達成することができます。教育の中から生まれてくる、自由を希求する創造的な発想は社会を動かす契機と行動となります。それが運動として社会の中で軌跡をつくるためには道具と装置、環境が必要です。これがアメリカの非営利セクター[*11]（ノンプロフィット・セクター）です。

市民による市民教育（ノンプロフィット・セクター）

アメリカの市民社会の核心にあるのが、非営利セクター（ノンプロフィット・セク

Cause. W. W. Norton, Inc. 1972. 日本語訳は、加藤幹雄、国弘正雄訳『コモンコーズ』（サイマル出版会、一九七七年）。同じ本でガードナーはまた、次のように言っています。「政治の腐敗は、市民自《みずか》らの責任であり、それ以外の誰も責めることもできない」。

＊11　非営利セクター（ノンプロフィット・セクター）　非営利セクター（ノンプロフィット・セクター）はアメリカの民間非営利組織による、経済活動部門をさします。「Ⅲ-3」の八九ページ参照。

タ｜）と呼ばれるものです。これは様々な活動を行っていますが、市民が市民として存在する基盤となるのがこのセクターの存在です。

ここではセクター[*12]の全体を紹介することは略しますが、市民教育の観点からひとつ触れておきましょう。市民教育は公教育でなされていますが、その真髄《しんずい》はまさに民間市民によるものです。市民教育の推進をミッション（使命・任務）とする非営利組織は全国に多数あります。次に挙げるのはこの代表的な組織が掲げている理念ですが、これはアメリカの市民と市民教育の考え方を明瞭に表しています。

①よく知識をもち情報を得た知らされた市民と、熱心に関わる人々の存在こそ強いコミュニティと力強いデモクラシーの基盤である。コミュニティー全体の参加は必須であり、誰も参加から外されてはならない。

②無知、皮肉冷笑、無関心は、私たちの政府の民主的制度にとって常に脅威であり最も問題である。

③市民とコミュニティに関する必要な知識の獲得とそれを実践するということは、人の一生の約束といえるものである。

④一人の市民が、何らかの違いと変化をつくることができる。

また、ある非営利組織は市民教育の役割と目標を次のように示しています。

①（学生は）アメリカの憲法を基としたデモクラシーの制度とその拠《よ》ってたつ基

＊12 セクターの全体を紹介することは略しますが

非営利セクター（ノンプロフィット・セクター）と市民社会については、「市民よ、私たちが問われている――ノンプロフィットセクターの確立にむけて――」（上野真城子著、『世界』一九九四年二月号）参照。

また、非営利セクター（ノンプロフィット・セクター）のことを専門的に学びたい人には、Boris & Steuerle, edited, Nonprofits & Government, The Urban Institute, 1998. 日本語版『NPOと政府―協調と葛藤―』参照。

本的原則と価値を理解すること。
②有効な、責任ある市民として参加するための技能スキルを身につけること。
③拮抗する問題ともめごとを扱い決定することができ、民主的過程と手続きを用いることに熱意をもつのを助けること。

●アメリカン・デモクラシーの度合い

市民性、シチズンシップが、デモクラシーと密接に関係していることはくり返し述べてきました。そしてアメリカはデモクラシーの発展と進歩のために市民を育てること、市民を教育することに努力を尽くしてきたことはこれまでに述べてきたとおりです。

ではここで、ひとつ具体的にその発展の成果をどう測る（評価する[*13]）ことができるかということを考えてみます。いってみれば市民大国ということはより具体的にどう説明できるか、デモクラシーの進歩の度合い、市民の力というものを、より普遍的に説明できるような測り方がないだろうか、それを議論してみるのは日本の市民やシチズンシップ、デモクラシーを考える意味で参考になるかもしれません。

デモクラシーの度合いを測ることはアメリカでも少しずつ議論がなされていますが、まだ議論の途上に過ぎません。今まで出てきているもので、最も基本的な尺度と考えられるものは、

①投票率が高いか。

＊13　評価する

「評価する」とは、例えばある政策はどういう影響をもつか、最終的に有効な、合理的な使える政策なのかどうか、どのくらいの費用がかかるのか、実際かかったのか、どう効果があったのかなどを測り、さらにその分析をすることです。

民主社会では、みんなが議論できる言葉と数値を使って評価することができるようになることが必要です。

アメリカには政府でもなく、企業でもなく、大学学問の府でもなく、独立的、つまりインディペンデント（independent）に、政府の政策を監視し、問題点や改善点を指摘しながら政策を分析し、新たな方法を提起するという政策研究機関が

②政府と民主的統治のための様々な社会的な制度や組織（social institution）が整っているか。また、それらのアカウンタビリティー（結果説明責任）と信頼の高さ。

③社会資本[*14]（ソーシャル・キャピタル）の豊かさ、市民の社会活動組織の形成とそこへの参加の高さ、個々の市民と社会との「関連」の多さ、ボランティア活動や、公共的なものへの寄付・寄贈（ギビング）など。

これらは投票率、世論調査、ＮＰＯデータなどをもとにして検討できるでしょう。

さらに、

④パブリックな議論、討論の質（public discourse）、メディアの多さと質の高さ。

⑤貧富の差の大きさとそれが拡大していないか。社会保障・社会福祉制度の整備と持続性。パブリック・グッド・政策の健全性。

⑥社会的弱者、不利な集団の声が政治過程で聞かれるか、またその声が届き、統治に生かされているか。

⑦国家が補償する権利がより広く、より多くに達しているか、拡大しているか。

といったことが質的、量的に検討することができるでしょう。

これらがアメリカの市民性とデモクラシーの展開の経験から評価の尺度として挙

多々あり、多くの独立非営利のシンクタンクがあります。

＊14 社会資本（ソーシャル・キャピタル）

社会資本（ソーシャル・キャピタル）は、ひろく人々がつくる社会的ネットワークとそこから生まれる理解や信頼といった無形のもの、を指して、それを価値として測ります。

『ソーシャル・キャピタル』（宮川公男、大守隆編、東洋経済新報社、二〇〇四年）参照。また、「Ⅳ・5（1）」の一五三ページの＊11参照。

げることのできるものです。いうまでもなくアメリカはこれらすべてにおいて満点の評価であるということはなく、むしろ、かなりの問題があります。

例えば、アメリカの市民教育を推進する非営利団体である全国市民教育同盟[*15]は、次のように主張しています。

「この新しい時代にデモクラシーが栄えるためには、すべてのアメリカ人は高い水準の教育（リテラシー）、論理、そして批判的な厳しい思考をするという、いままでは選ばれた少数のものがもてばよいと考えられていた能力を、獲得しなければならない。すべての人が、アメリカと世界両方の歴史感覚をもち、政府と民主的価値ということを理解し、そして、芸術や文学がどのように人間を説明し人間の可能性を広げるかということを尊ぶ必要がある。そして、複雑に絡《から》まった社会の問題を、しばしば不完全で矛盾する情報でもって、決定しなければならないから、すべての人々は、現在起こっている事柄を深く考える観察者であるとともに、不確かな中でも安静である必要があるだろう」

あらゆる社会には、社会としての存在を特徴づける独特のダイナミズムがあります。移民を受け入れ、多民族国家をつくってきたこと、アメリカ自由主義的な理想と制度上の現実との矛盾と葛藤の緊張関係、政府と人々、市民社会の緊張関係の存在がアメリカのダイナミズムです。それはアメリカ政治の苦悩と同時に希望をも示す素晴らしいものでした。しかしあらゆる面で強くなった豊饒《ほうじょう》の社会は、自身が気づかないうちに、そこに生きる人間を傲慢《ごうまん》にするように見えます。さらに問題は今、新しい時代が、あまりにも複雑で、それを理解するには時間がかかり、そして高い

*15　全国市民教育同盟
The National Alliance for Civic Education。
(http://www.civied.net/)

能力が必要になっていることです。また、その一つひとつについて論理と議論を積み重ね民主的な社会の合意に達するにはあまりに速いスピードで世界が動いています。一般の市民にとって判断が追いつかない時代には、論理よりも、既存のもの、伝統、権威といわれるものへの依存や回帰の傾倒が出てきます。アメリカの二〇〇四年の大統領選挙はアメリカの市民が急激な変化への疑問と躊躇があり、身の安全と保身を取ったということができます。

今、アメリカは、築いてきたものが強大で強力になったがゆえに、既存の国益国家の理念を超えた真に多元的な国家として、世界の指導的役割を果たさなければならないはずです。世界はそれを期待しています。しかしそれには大きな政府の改革と変貌が必要です。あくまでもアメリカン・デモクラシーとして発展してきた国が、この新たなリーダーシップの責務を負うことができるのか、今、アメリカの市民と市民社会は大きな歴史の分岐点に立っているといえるでしょう。

日本の可能性（二一世紀の世界に貢献する市民として）

最後に日本をみてみましょう。アメリカをモデルとした時代は終わったという意識もあって、日本はその指針をとりかねてここ数十年、迷ってきました。しかし、今、私たち日本の市民は実は大きな可能性をもっています。それはアメリカが強さゆえにできないことを日本がやれるからです。なぜなら日本は軍事力に頼らずに成し遂げた経済発展の力と資産、すぐれた技術力、そして戦争と欠乏の経験を経て、真に人間の尊重と一人ひとりを思いやる心をもっているはずだからです。ふり返ってみる時、その種は日本の憲法にまかれています。

日本国憲法の前文には、次のように書かれています。

「日本国民は、恒久の平和を念願し、人間相互の関係を支配する崇高な理想を深く自覚するのであって、平和を愛する諸国民の公正と信義に信頼して、われらの安全と生存を保持しようと決意した。われらは、平和を維持し、専制と隷従《れいじゅう》、圧迫と偏狭を地上から永遠に除去しようと努めている国際社会において、名誉ある地位を占めたいと思う。われらは、全世界の国民が、等しく恐怖と欠乏から免れ、平和のうちに生存する権利を有することを確認する。

われらは、いずれの国家も、自国のことのみに専念して他国を無視してはならないのであって、政治道徳の法則は、普遍的なものであり、この法則に従うことは、自国の主権を維持し、他国と対等関係に立とうとする各国の責務であると信ずる。

日本国民は、国家の名誉にかけ、全力を挙げてこの崇高な理想と目的を達成することを誓う」

一九四六年につくられたこの憲法は高邁《こうまい》な理想を掲げたものでした。その後の時代を考える時、たぶんこの理念は私たち日本人にとって、また世界にとっても、早過ぎたものであったかもしれません。日本人にとっては様々なことが当時まだ概念としてもないことだったのですから、嚙《か》み砕ききれていない訳語という問題もあって、憲法の前文は馴染《なじ》みにくかったことは確かです。独立宣言がアメリカ人にとっての詩であるように、日本人の詩とするにはその意味と価値を再考し、もう少し違う言葉が選ばれなければならないかもしれません。しかし今新しい時代を迎えて、新しい市民を考えるとき、この前文には、狭い国益を越える思想が掲げられています。世界には専制と隷従、圧迫と偏狭のみならず、貧困や自然災害、疾病《しっぺい》を含めて生命を脅《おびや》かすものはなお限りなくあります。日本人は、武力ではなく人知をつくして、高く厳しい人類の歴史への挑戦を、六〇年前、自《みずか》らに課したのです。今、私たちは、新しい世界市民たる日本の市民の創生にとりかかる時を迎えました。

自由と公正への希求、人間の尊厳の確立、そして友愛と夢、そのために戦う勇気が、私たち市民を動かす契機です。品位をもちユーモアに満ちた日本の市民が（女性が！）、あらゆる地域で、あらゆる国の人々と子どもたちに向かい合い、一人ひとりが、もたぬ者、弱き者によりそい、その声をきく謙虚さから、デモクラシーとあらゆる人間の尊厳の確立に向けて、問題の解決の道が切り開けるはずです。それが世界への、時代への、次代への貢献であり、責任であり、そしてそこにこそ希望があるということではないでしょうか。

【課題1】　国政と家政、国家の経済と家庭の経済、これらの運営は共通することがあります。何が似通《にかよ》い、何が異なるか考えてみましょう。

【課題2】　私たちのまわりにどんな国籍をもつ人たちがいますか。国籍の違いはどんな問題をもっているか、考えてみましょう。[*16]

＊16　私たちのまわりに〜考えてみましょう
「Ⅲ‐1」「Ⅳ‐5」参照。

Ⅲ．世界、国、社会について理解を深めよう

Point

ここでは、私たちがぜひ知っておきたい世界、国、社会の成り立ちと社会において共有されるビジョン（理念）や制度について、本章で理解を深めていきましょう。また、ここでは社会に参加しているアクター（ある役割をもって活動する人や組織）についても紹介していきます。

Ⅲ-❶ 世界、国、コミュニティとその成り立ち

ここでは、多文化・多民族市民および地球市民という視点と、ケータイを通じた経済、お金と政治という視点から社会の成り立ちについてみていきましょう。

(1) 多文化・多民族市民、地球市民から社会について考える

●多文化・多民族市民社会としての日本

二〇世紀末からの日本の市民社会は、急速に多文化・多民族市民社会に変貌《へんぼう》を遂げています。多文化・多民族市民社会としての自覚が日本社会に顕在化してくるのは一九八〇年代からといえるでしょう。このころから、沖縄やアイヌ、在日コリアン[*1]といった従来、日本の多文化・多民族社会をつくり上げてきた人々に加え、ブラジル、フィリピン、ペルー、ベトナムなど、様々な外国籍[*2]をもつ人々が市民としてこの国の一員となってきました。日本社会に暮らす市民は、実に多様な歴史的・文化的・民族的ルーツをもつ人々なのです。例えば、在日コリアン[*3]がつくり上げた「焼き肉」文化は、もう日本社会の文化といってもよい広がりを見せています。さらに、全国的[*4]にも外国籍と日本籍との結婚が二〇組に一組という実態が、このような多文化・多民族な市民社会をますます増幅しているのです。

＊1　在日コリアン
在日韓国・朝鮮人を統一した総称として使用します。ちなみに、外国人登録証に記載されている「朝鮮」とは、朝鮮民主主義人民共和国を示す「国籍」ではなく、かつて日本が植民地支配をした朝鮮半島出身者という

【課題1】 住んでいる地域の自治体の外国籍住民政策について調べてみましょう。

「国民国家（ネイション・ステイト）」と市民

この[*5]ような日本の現状を見てもわかるように、「一つの民族」が「一つの国家」をつくるということは幻想にすぎません。ネイションという言葉は、日本語で「国家」、「民族」、「国民」などと訳されます。ネイション・ステイト「国民国家」といわれる国の概念が成立してくるのは、フランス革命を経た一九世紀のヨーロッパです。

フランス革命以前のヨーロッパは、国家とは国王や皇帝が支配する領域概念でした。そこに生きる人々は、国家への帰属意識をもたず、地縁的・職能的な関係の中に生きていました。フランス革命[*6]は、そのような自律的・重層的な人々のあり方から、個々人が「国民」として、法の下に平等な存在としての「市民」として直接に国家に関《かか》わりをもつというあり方の発端をつくりました。一九世紀的な国民国家というあり方がここで生まれてくるのです。

「市民」が「国家」をつくり上げる、という考え方は、ロック・ルソーらの思想である「社会契約説」という考え方を元にしています。フランスの人権宣言や、アメリカ独立宣言に、この考え方が示されています。「万世一系の天皇」[*7]が帝国「臣民」[*8]を支配するという大日本帝国憲法のもつ側面への反省を元にした私たちの日本国憲法が社会契約説の理念に由来することは必然といってよいでしょう。

意味の一種の「記号」にすぎません。

＊2 外国籍をもつ人々
地方自治体では、「外国人市民」「外国籍県民」というような言い方も一般的になっています。

＊3 在日コリアンが〜広がりを見せています
「ニュー在日パワー――焼肉を発明した在日のソウル――」『ニューズウィーク日本版』阪急コミュニケーションズ、二〇〇三年一一月二六日号。

＊4 全国的にも〜増幅しているのです
日本国籍をもつ人々の中にも、外国をルーツにし、その歴史・文化をアイデン

排除・差別の道具にもなる「国民」「市民」意識

「市民」が「国家」をつくり上げる、ということは、その地域に暮らす人々の中で、誰《だれ》を「市民」、「国民」とするかが問題になってきます。一八四八年に、オーストリアのウィーンで「三月革命」が起こりました。良知力[*9]によれば、ウィーン「市民」たちは、ウィーン市に流入する同じオーストリア帝国の領民であるスラブ系の「流民」たちに対して、自分たちの市民革命の「外側」にいる人々との認識をもち、ある時は皇帝と共に彼らの「革命」を弾圧し、ある時には、皇帝軍から自分たちを守る「盾」として、彼らを利用しました。

日本では、どうなのでしょう。日本国憲法は大日本帝国憲法に比べれば非常に民主的な憲法として成立しました。しかし、外国人[*10]の人権擁護に関しては問題があったともいえます。草案[*11]にあった外国人の基本的人権保護を明確にする条文が、日本政府と占領当局との交渉の中で削られてしまっているのです。この結果、「国民」に認められる数々の権利が、かつては国民（大日本帝国臣民）であった在日コリアンには認められないことになってしまいました。戦前にはあった国籍を一方的に喪失させられたことも含め、在日コリアンは日本の市民社会から、いわば法的に排除されてしまったのです。それは、スラブ系の「流民」を恐怖し、差別し、市民の「外」においた一五〇年前のウィーンの市民意識と同じ在りようといえるでしょう。外国にルーツをもつ人々を自分たちの社会の「外側」にある、何か理解しがたいものとして「恐怖」することは、極端な場面では、一九二三年に起きた関東大震災時の

ティティ（自分が自分であることの源）の一つとする人たち（父母共に、あるいは父か母か）がいるということです。

＊5　このような日本の現状を〜幻想にすぎません

「一つの民族、一つの国家」をつくろうとして「異質」な存在として「ユダヤ人」を排除・抹殺し、破滅の道を突き進んでいったのが、ファシズム・ドイツのヒトラーだったことを忘れるわけにはいきません。

＊6　フランス革命は〜生まれてくるのです

『ヨーロッパ近代史再考』（北原敦、木村靖二、福井憲彦、藤本和貴夫編、一九八三年、ミネルヴァ書房）参照。

「朝鮮人虐殺」のような悲劇を生み出しかねません。日本社会が、その本質から、外国籍の人々や、様々な民族的ルーツをもつ人々も存在する集合体であると認識することは、差別や弾圧のない平和な市民社会をつくり上げるうえで、とても大切なことなのです。

●「地球市民」として南北問題を考える

二一世紀、「国家」は依然として、国際社会の基本的な単位ですが、経済は国家の国境を越え、人やモノ、金の動きは止めようもありません。また、イラク戦争やテロ問題などを見ても、従来の国家の枠組みだけではとらえられないものの意味が高まっています。ここにおいて、グローバルな認識をもった「地球市民」（「Ⅳ-5（2）」参照）としての意識が求められてきています。多文化・多民族市民社会に暮らし、グローバル社会に生きる私たちは、一九世紀的「国民」意識に囚《とら》われた市民意識を越えた「地球市民」として様々な社会問題に関心をよせ、その解決に向かって努力することが求められています。この視点における一つの例として、南北問題について考えてみましょう。

ディヴィッド・ワーナーは、「今日[*12]、四七〇人の世界の億万長者の所得は、全世界人口の半分に及ぶ貧しい人々の所得合計に匹敵している」と述べています。「貧困」は、いわゆる「北」の国々の物質的な「繁栄」（それが幸せにつながるとも限りませんが）と関連しながら拡大をしてきています。「世界全体で[*13]、一〇億人近くの人々が、毎日十分な食事をとれないでいる。そして、数十億人の人々のカロリーは足りてい

＊7　「万世一系の天皇」が〜大日本帝国憲法のもつ側面
ただし、大日本帝国憲法には不完全ながら参政権など社会契約的な要素があるという指摘もあります。

＊8　日本国憲法が〜必然といってよいでしょう
「日本国民は、（中略）ここに主権が国民に存することを宣言し、この憲法を確定する。そもそも、国政は、国民の厳粛《げんしゅく》な信託によるものであって、その権威は国民に由来し、その権力は国民の代表者がこれを公使し、その福利は国民がこれを享受する。これは人類普遍の原理であり、この憲法は、かかる原理に基づくものである」（日本国憲法前文

るものの、食事内容が粗末なため基本的な栄養を摂取できていない。同時に、世界全体——主として、北アメリカとヨーロッパで六億人が栄養過多で太りすぎている」と、地球データーブックは指摘しています。

貧しさがそのまま不幸せにはつながりません。しかし、貧困の状態にある多くの人々の命が奪われ、多くの可能性がつぶされていることは事実です。人々の可能性が社会的に奪われていくことを、ヨハン・ガルトゥング[*14]は「構造的暴力」と呼び、戦争や地域紛争などの「直接的暴力」がない場合も、それは決して「平和」ではないのだと説きます。新鮮な水を手に入れられないだけで、多くの乳幼児は死んでいきます。ユニセフの『世界子供白書』の統計によれば、一九九九年に五歳の誕生日を見ることなく死んでいった子どもたちの割合が一〇人に一人以上になる国は、世界の国の二六%にものぼります。その第一位のシェラレオネでは、なんと一〇人に三人という高率になってしまっています。このような事実を知った時、「地球市民」として、同じ「地球村」に住むものとして、日本にいる私たちは、どのようなことを行っていくことが「正義」なのでしょうか。

【課題2】 第三世界に生きる子どもたちのケーススタディを読み、物語をつくり、グループで演じてみましょう。

【課題3】 新鮮な水が手に入らないことが、なぜ乳幼児を死にいたらしめるのか、また、これにどう対処すればよいのかを調べてみましょう。

から引用)。

＊9　良知力
『向こう岸からの世界史』(良知力著、未来社、一九七八年)参照。

＊10　外国人の~問題があったともいえます
「小樽《おたる》入浴拒否訴訟」が二〇〇一年提訴されました。これは、小樽市内の温泉施設がロシア人の入浴を拒否したことに対して、人種差別撤廃条約に反するとして提訴されたもの。二〇〇四年、地裁に続き高裁も会社側に賠償を命じました。

＊11　草案にあった~削られてしまっているのです
『在日外国人——法の壁、

人々の移動と新たな多文化・多民族社会

世界は急速にボーダーレスになり、人々の移動が当たり前になってきています。経済協力開発機構（ＯＥＣＤ）の継続的移動情報システム参加国の平均で、一九九〇年で、総人口の七％が外国人となっています。また、迫害を免れるという負の意味での移動である「難民」も、二〇〇四年には全世界で九七〇万人にもなりました。[*15]国家の境界を越えて動く人々を、「ホモ・モーベンス」と呼ぶこともありますが、[*16]日本の新たな多民族社会化は、世界のボーダーレスな動きの現れでもあるのです。[*17]

日本においては、「移住労働者」や「難民」はどう扱われているのでしょうか。一九三〇年代から四〇年代前半、当時植民地だった朝鮮から「移住労働者」を多数受け入れたことを例外にして、近代日本は、その成立期から一九八〇年代まで、基本的には移住労働者の「送り出し国」で、外国人の移動は受け入れないという政策をとってきました。[*18]しかしながら、一九九〇年の入管法改定で「日系人」の受け入れという形で事実上の単純労働受け入れが行われることになりました。[*19]近い将来、少子化の問題点を外国人受け入れで解決しようという動きが日本にでてくるかも知れません。もしそのようなことが起これば、日本の多文化・多民族化はさらに加速していくでしょう。「難民」に関しては、二〇〇〇年に二二人と、日本はほとんど受け入れをしていないのが現状です。[*20]これは先進国として異例のことです。

【課題４】 移住労働者への人権侵害には、どのようなことがあると考えられますか。

心の溝—新版』（田中宏著、岩波書店、一九九五年）参照。

＊12　今日～匹敵している
『いのち・開発・ＮＧＯ』（ディヴィッド・ワーナー、ディヴィッド・サンダース著、新評論、一九九八年）参照。

＊13　世界全体で～太りすぎている
『地球データブック一九九九～二〇〇〇』（ワールドウォッチング研究所編、ダイヤモンド社、一九九九年）参照。

＊14　ヨハン・ガルトゥングは～説きます
『ガルトゥング平和学入門』（ヨハン・ガルトゥング、藤田明史編、法律文化社、二〇〇三年）参照。

【課題5】 日本の難民政策の問題点を、世界との比較で考えてみましょう。

●「東アジア市民」として平和を求める

幾多《いくた》の戦争の惨禍《さんか》を経て、ヨーロッパは「EU（ヨーロッパ連合）」として、国境の制限を縮小した地域をつくりました。[*21] ヨーロッパの人々が「ヨーロッパ人」としてのアイデンティティを模索するように、東アジアの地でも、中国、日本、コリア、ベトナムなどの人々が、戦争や植民地支配の過去の反省のもとに、東アジア市民としてのアイデンティティをもって生きていくことは可能ではないでしょうか。韓国の俳優や歌手が中国や日本で人気が出て、中国の演奏家が日本や韓国で注目を集める、日本のキャラクターが中国や韓国で流行る、そんな時代がきています。

アジア・太平洋戦争の戦闘が終結して半世紀以上たつのにもかかわらず、国交を正常化できない日本と北朝鮮の関係や、歴史問題や靖国参拝問題を解決できない日本と中国の関係など、決して平坦な道程ではありませんが、幾度《いくど》となく戦争をくり返してきたフランスとドイツ、あるいは、ナチスドイツの侵略を受けたポーランドとドイツの現在の関係を敷衍《ふえん》すれば、アジアの地でも、「東アジア市民」としてのアイデンティティを模索することは、決して夢想ではないでしょう。

●多重なアイデンティティのあり方と、世界、国、コミュニティ

「涙そうそう」が大ヒットとなった八重《やえ》山諸島石垣島出身の「BEGIN」というグ

＊15 迫害を免れるという～九七〇万人にもなりました
風巻浩著「移住労働者」開発教育協議会編『開発教育キーワード51』開発教育協議会、二〇〇二年参照。

＊16 国家の境界を越えて～呼ぶこともありますが
国際連合難民高等弁務官（UNHCR）のホームページ参照（www.unhcr.or.jp）。

＊17 日本の新たな多民族社会化は～現れでもあるのです
新原道信著「横浜市――ホモ・モーベンスのまち」駒井洋、渡戸一郎編『自治体の外国人政策――内なる国際化への取り組み』（明石書店、

ループの曲で、「いつまでも」という歌があります。ここで彼らは「ふるさとだったら　君とえらべる」（「オーシャンライン」テイチクエンタテイメント、二〇〇四年）と歌います。「故郷」と書いて「くに」と詠《よ》ませることがあるように、八重山（「ヤイマ」と地元では詠みます）を「くに」として選びとろうとする、彼らの決意がその歌詞に読みとれます。例えば、ヤイマ人として、ウチナンチュー（沖縄人）として、日本人（日本国籍者）として、東アジア市民、地球市民として、日本に暮らすすべての人々には、多重なアイデンティティがあってよいのです。国の内側では同質を強いたり排除を行ったり、外では、国と国とで対立をする、そのような一九世紀的な国民国家の枠組みを離れ、多文化・多民族市民社会の一員として、またグローバルな地球社会の一員として、多重なアイデンティティをもって内外の多くの他者とつながり、平和で公正な地球社会をつくり上げることが、二一世紀に生きる私たちに求められています。

【課題6】 在日外国人にインタビューをして、そのアイデンティティを理解してみましょう。

【課題7】 自分にどれだけの多重なアイデンティティがあるか考えてみましょう。

一九九七年）参照。

＊18　一九三〇年代から～政策をとってきました
この「移住」には、自らの意志によらない、いわゆる「強制連行」も含まれます。

＊19　一九九〇年の～加速していくでしょう
移住労働者は一定の資格、期間で移住が認められますが、その期間を越えてオーバーステイをしたり、資格外の労働をすることもあります。そのような「資格外労働者」、「未登録労働者」も含めて移住労働者とその家族の人権を保護していこうという国連の条約、「移住労働者とその家族の権利条約」が、二〇〇三年七月、発効しました。

(2) ケータイを通して経済から社会について考える

●経済のしくみ

携帯電話[*22]（以下、ケータイと略します）は、お持ちでしょうか。

持っている方は何台目になりますか。持っていない方はその必要性を感じさせないライフスタイルをおくっている方か、迫りくる誘惑にもめげず自《みずか》ら欲望のコントロールができる方かもしれませんね。いずれの方々もケータイから考える経済学についてしばらく付き合ってください。

街角の販売店で売られているケータイ、少々古くなった機種などは時々価格〇《ゼロ》円で売られていることがあります。

不思議だとは思いませんか。たとえ少々古くても電話・メール・ネット・カメラなどの機能は一通り付いています。あれだけの製品を生産するのにタダということはありえません。製造原価は二〇〇〇円から一万円くらいだといわれています。商品価格としても四、五万円で売れる商品のようです。こうした不可解な現象が起こるのは、**生産者**にとっても**流通業者**にとっても価格〇円でも十分商売になるしくみがあるからです。販売店がケータイを一台売ると、携帯電話事業者から三万円程度の販売奨励金《しょうれいきん》が出ているといわれています。携帯電話事業者[*23]では、一台につき三万円程度の奨励金を出しても元が取れるしくみになっているからです。

画面が大きくなったり、画像がきれいになったり、「着うた」が聴けたりする最新

＊20　これは先進国として異例のことです
日本では、例えば、アフガニスタン難民や、クルド難民などが定住を求め申請をしています。

＊21　ヨーロッパの人々が〜可能ではないでしょうか
ヨハン・ガルトゥングは中国・コリア・日本・ベトナムを「東アジア共同体」とする平和構想を提案しています。ヨハン・ガルトゥングの前掲書参照。

＊22　携帯電話
日本の携帯電話加入者数は、二〇〇四年六月現在、八二七一万三九〇〇人（社団法人電気通信事業者協会公表速報）です。

の付加価値のある機種を二〜三万円で購入するか、それとも最新の付加価値はひとまず棚《たな》に上げても〇円で購入するか、いずれの場合でも購入後、**消費者**はそのケータイの手続き料や基本料・使用量・使用機能などに応じた料金を支払います。

ケータイをお持ちの方は、月々いくらぐらい支払っていますか。ご自分の収支バランス（**家計**）の中でケータイにかかる費用はどうでしょうか。機種変更[*24]したあと、使用済みのケータイはどうしていますか。廃棄、それともリサイクル？

そう、ケータイといえば、一時、電車やバスの車内のマナーが問題になりました。その後、さらにケータイの使用について本人のマナーにとどまらず、**行政**が規制に関わることになりました。二〇〇四年六月に道路交通法が一部改正され、一一月一日から施行されました。自動車やバイクの運転中に手で持っているケータイで通話したり、その画面を見ていたりすると三か月以下の懲役《ちょうえき》か、五万円以下の罰金（実際は、五千円から七千円の反則金）が科せられるようになりました。これは、立法機関である国会で法の改正案が可決され、行政機関がその改正法に基づいて執行するものです。ちなみに、ケータイの不法使用者に科せられた反則金は国庫に入り、国の一般会計歳入（雑収入）に計上されます。

いったい何が「経済」なのか？

ケータイの経済学を見ると、経済のしくみはどうなっているのか、いったい何が経済なのか、その概要が見えてきます。

経済のしくみは、基本的に家計・企業・政府という三つの主体があります。中学

また、IT・MEDIAのSURVEYニュース「世界携帯電話加入者数、二〇〇八年には三三億に拡大―MCA」（二〇〇四年一〇月二〇日配信）によると、世界携帯電話加入者一人の平均の月間電気通信事業収入は二八ドルで、日本は世界平均を倍以上も上回る六六ドルでアメリカの五五ドルをも上回っています。

＊23　携帯電話事業者では〜元が取れるしくみになっているからです

メールマガジン『nikkeibp.jpメール朝刊&夕刊』瀧本大輔、大竹剛「携帯電話『即解約』の波紋、奨励金頼みの業界揺るがす」（二〇〇四年三月九日配信）参照。

校の社会科公民の教科書に五七ページ図Aのような図が載っていたのを覚えていませんか。図Aにもあるように、この三主体の間で、ヒト・モノ・カネ・情報を仲立ちとして、生産・流通・消費・廃棄・再生など経済活動が展開されます。ポケットの中のケータイ一つでもこうした経済三主体の関わりなしには存在しません。

【課題8】 次ページの図Aの①～⑥に当てはまる事項をA～Fの中から選びましょう。また、空欄の中に当てはまる言葉を漢字二字で書いてみましょう。

「経済（Economy）」という洋の東西の言葉の語源をたどると、以下のようになります。

「経済」という漢字二字の語は、古代中国に始まり、わが国の江戸時代でも使われた「経世済民」「経国済民」に語源をたどることができます。その意味は、「国や世の中を治めて民を救う」ということです。まさに、もともと政治と経済とは未分化だったのでしょう。

一方、英語[*25]の「Economy」の語源は、古代ギリシャ語「オイコス・ノ・モス」にさかのぼるといわれています。その意味は、「家庭や家計の管理・規則」ということです。それが近代になって国家レベルの問題に拡大され、今日的な意味をもちました。

本来、このように経済は、わが家の家計の管理をし、そして民を救うために国や世の中をうまく治めることなのですが、果たして今日のわが家や、わが国の「経済

＊24 **機種変更したあと～リサイクル？**

ＩＴＭＥＤＩＡモバイルニュース「携帯リサイクル阻む、情報漏洩？」（二〇〇四年九月三日配信）によると、日本での使用済みケータイの回収率は二四％で、しかも年々低下傾向にあるといいます。理由は、他人の電話番号やアドレスなどの情報を含む個人情報の漏洩《ろうえい》への心配からです。個人情報保護の意識の高まりは、大いに歓迎すべきことですが、リサイクルを進めるとしたら、個人情報データの完全消去の方法の確立が急務でしょう。なお、二〇〇四年四月一日から個人情報保護法が本格的に施行されます。(http://www.itmedia.co.jp/mobile/articles/0409/03/news

（Economy）」は機能しているのでしょうか。

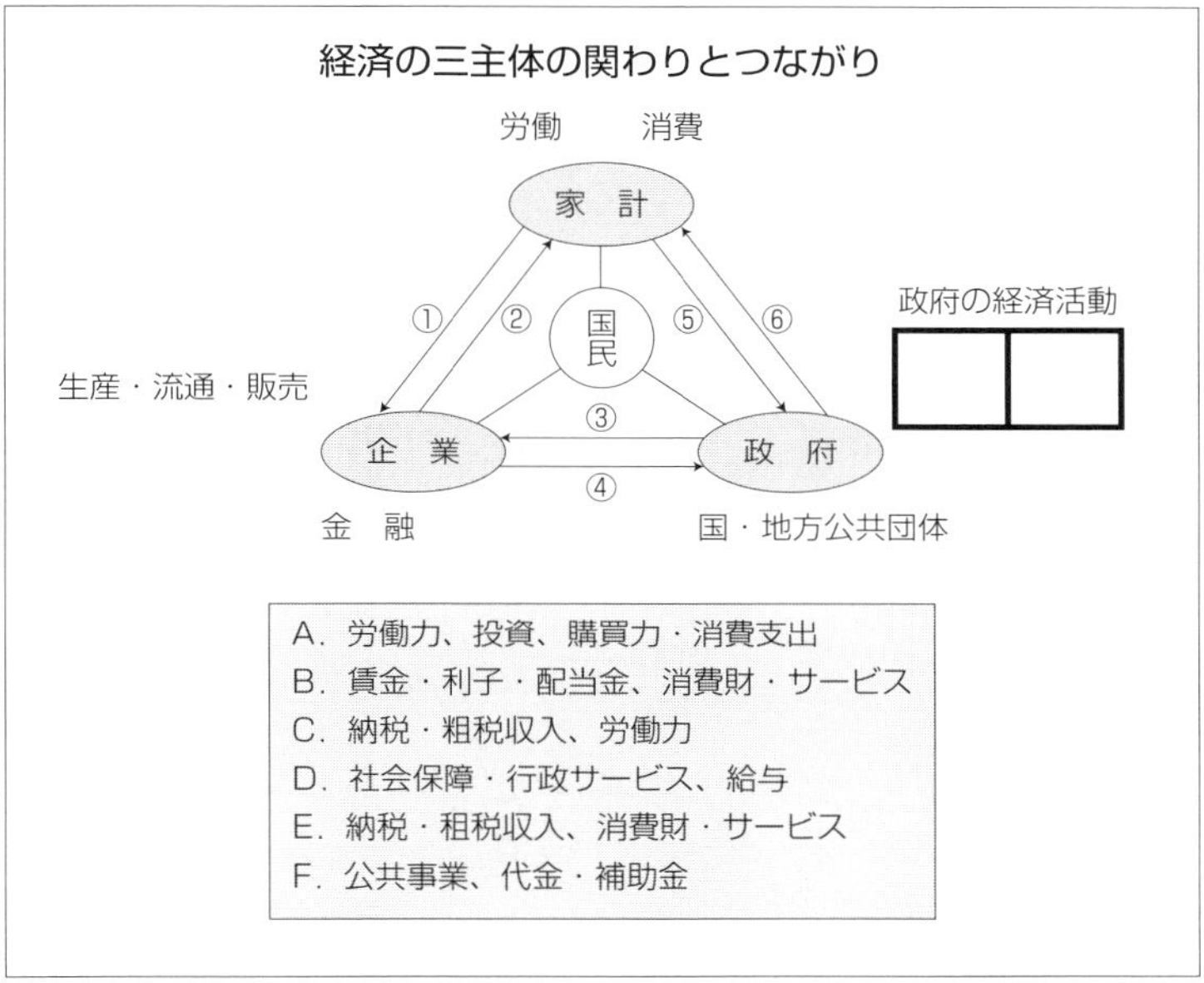

図A　経済の三主体の関わりとつながり

065.html）

＊25　英語の「Economy」の語源は～さかのぼるといわれています
『通論経済学』（宮沢健一著、岩波書店、一九八一年）、『経済学入門――二一世紀型文明をどう築くか』（正村公宏著、筑摩書房、一九九九年）、『岩波現代経済学事典』（伊藤光晴編、岩波書店、二〇〇四年）参照。

＊26　機種変更の際～売られていきます
WIRED NEWS「使用済み携帯電話のリサイクル、実は第三世界に販売（上）、（下）」（二〇〇三年七月八日、一〇日配信）参照。（http://hotwired.goo.ne.jp/news/news/business/story

開発・環境・資源のあり方

アメリカ合衆国において、一億二八〇〇万人いるといわれているケータイ利用者は平均一年六か月で新機種を購入するそうです。機種変更の際[*26]、リサイクルボックスに入れられた使用済みケータイは、埋め立て処分に回るものを減らすために開発途上国に売られていきます。携帯電話業者にとって埋め立て処分がもっとも手っとり早い方法なのですが、それが安易にできない理由があります。ケータイの中には[*27]ヒ素、ベリリウム、カドミウム、鉛、水銀といった様々な有害物質が使われており、埋め立て処分にすると、これらの物質が水中に溶け出し、その水を飲んだり魚介類を食べたりする人々に健康被害をもたらす恐れがあるからです。

たった一台のケータイでも廃棄か再生かという経済活動の選択肢があり、また、自然環境への深刻な影響、先進国と途上国との経済関係・格差（南北問題）などにもつながっていくのではないでしょうか。

さて、湯水のごとく使うとたとえられた「水」。地球上では、私たちの経済活動の結果として、その水をめぐって深刻な環境汚染と淡水資源の枯渇が進んでいます。まさに、これは人類だけではなく、すべての生物の生存に関わる問題でもあります。

当然のことながら、石炭・石油などをはじめとする地球上の資源には限り（有限性）があります。それら化石燃料とは異なり、循環する資源として考えられてきた水は、今や深刻な脅威にさらされています。世界の人口増加・爆発と水集約型産業の急成長により、私たちは淡水資源の危機を迎えようとしています。コンピュータ

/20030709107.html)
(http://hotwired.goo.ne.jp/news/news/business/story/20030710107.html)

＊27 ケータイの中には～恐れがあるからです

『「水」戦争の世紀』（モード・バーロウ、トニー・クラーク著／鈴木主税訳、集英社新書、二〇〇三年）参照。

また、資源としての「水」をめぐる問題については、『地球の水が危ない』（高橋裕著、岩波新書、二〇〇三年）、『ウォーター・マネー』（浜田和幸著、光文社、二〇〇三年）、『ウォーター・ビジネス』（中村靖彦著、二〇〇四年、岩波新書）、『「水」をかじる』（志村史夫著、ちくま新書、二〇〇四年）、『文明の中の水　人類最大の資源を

などハイテク産業では大量の水を使用・廃水しているというのは周知の事実ですが、一台の自動車を作るのに四〇万リットルの水が使われているともいいます。

一方、水質汚染や水不足という危機は、企業にとっては絶好の経済活動のチャンスでもあり、飲用水・工業用水の探索・確保によって新たなウォータービジネスが展開しはじめているのも事実です。その結果、水不足に見舞われ汚染された水の多い国・地域の人々は一立方メートルあたり三ドルを払わねば水を飲めず、一方で同量の水を三セントで飲める人々という、地域（途上国と先進国）の格差も出はじめているともいわれています。

次から次へとケータイの新しい付加価値機能が開発され、市民としての私たちの「欲望」[*28]も開発されていきます。卵が先かにわとりが先かの議論のように、市民に「欲望」がある限りケータイは進化し続けるのかもしれません。

今、私たちは、その生存と持続可能性を脅《おびや》かす、開発と環境と資源の「トリレンマ」[*29]の前に立たされているといっても過言ではありません。

一国・一地域にとどまらず持続可能な国家・社会を展望する時、経済のしくみや経済活動、「トリレンマ」の根底に、私たちの「欲望」の集積という問題が潜んでいることにも目を向ける必要があります。

アジアの小国ブータン[*30]（ドゥック・ユル）では、一般的に使われているGDP（Gross Domestic Productの略。国内総生産）という指標ではなく、GNH（Gross National Happinessの略。国民総幸福）という指標をもとに、近代化を急ぐことなく独自の「経世済民」政策を行っています。GDPを基準に考えると、世界最貧国の

めぐる一万年史』（湯浅赳男著、新評論、二〇〇四年）などが参考になります。

＊28　「欲望」
岩手県の沢内村の元村長・太田祖電氏は、一九九〇年代初頭、万国・万人に共通する「幸せ＝結果／欲望」という公式について述べ、「Have・Do（所有・行動）」の時代をあとに二一世紀は、「Be（生存）」することにこそ価値がある時代であると述べています。

＊29　トリレンマ
トリレンマとは、一般に「三者択一を迫られて窮地に追い込まれること」（大辞林）をいいます。ここでは、「開発」と「環境」と「資源」の三つの問題に追い込

一つに数えられるブータンですが、この小国ならではの方法で「トリレンマ」と向かい合っているといえます。

さて、私たちの日本は、どうすべきでしょうか。一市民として地球規模の視点に立って身近な地点から考えていきましょう。

【課題9】 開発と環境と資源の「トリレンマ」に対していかなる対策・施策が考えられるか、生活者市民・企業市民・行政市民などの立場に分かれて提案とディスカッション（討論）をしてみましょう。

(3) お金と政治から社会について考える

●お金と政治と意思

さて、ここからは、様々な社会構造（利害）とお金の関係について、特に政治の観点からみていきましょう。

日用品の買い物、レストランでの食事、車や家・マンションの購入。お金の使いみちは様々ですが、どれをとっても共通することがあります。それは、お金で何らかの効用を得ようとする個人の意志の現れだということです。

政治についても同じです。残念ながら「政治とカネ」に関わるスキャンダルが起こるのは、お金の力で不当に利益を得ようとする意志があったからです。しかし、

まれている人類の状態のことを指しています。

*30 ブータン
ブータンについては、「ドゥック・ユル～前編～」「ドゥック・ユル～後編～」「ドゥック・ユル～実録～」（大串正樹著、松下政経塾レポート、一九九九年）の月例レポート参照。
(http://www.mskj.or.jp/getsurei/ogushi9908.html)
(http://www.mskj.or.jp/getsurei/ogushi9909.html)
(http://www.mskj.or.jp/getsurei/ogushi9910.html)
なお、ブータン国のホームページもあわせて参照。
(http://www.mofa.go.jp/mofaj/area/bhutan/)

*31 例えば、候補者が～

一方的に政治はお金に汚いものと決めつけてしまうのは誤りです。なぜなら、お金を使うことで、「政治をよくしよう」という意志を示すこともできるからです。

①政治にかかるお金

そもそも政治にはどうしてお金がかかるのでしょう。

例[*31]えば、候補者が自分の政策パンフレットを五〇〇〇部、一〇〇万円で作ったとします。これを一部一〇〇円で郵送すれば五〇万円。ここまでで一五〇万円かかります。これを年四回発行すると六〇〇万円もかかります。日ごろから後援会会員や地元選挙民さらには各種団体などとの会合や面会を調整しセットする人手もかかります。現職の国会議員なら公費で秘書を雇えますが、三名だけです。地元での活動と国会での活動。双[*32]方を三人だけで支えるのは事実上、不可能です。

そのうえ、政党としての活動にも当然お金がかかります。昨今、政党はマニフェスト（政権公約。「Ⅲ－3」九二ページ参照）に力を入れ、積極的にテレビCMも活用しています。二〇〇三年の参院選では、主要政党あわせて選挙の広告関連で数十億円かかったといわれています。

②政治の支え方――二つの考え

政治活動はどうやってまかなわれるべきなのでしょう。

一つの考え方は、広く薄く税金で政治を支えるというものです。このような考え方から、一九九五年に政党交付金が導入されました。政党交付金とは、赤ちゃんか

＊31　六〇〇万円もかかります
滝澤中著『政治のニュースが面白いほどわかる本』（中経出版、二〇〇一年）参照。

＊32　双方を三人だけで支えるのは事実上、不可能です
「日本の国会議員に対しては公費の補助が不足している」「だから政治とカネのスキャンダルが絶えないのだ」という意見があります。しかし、これは間違いです。日本の場合、政治家への国庫補助の水準は、既に世界最高水準となっており、アメリカに肉薄するレベルだからです。政党交付金、立法事務費、議員歳費、秘書手当て、文書交通費な

らお年寄りまで国民一人が二五〇円負担したとして計算された総額三二〇億円を議員数などに応じて各党に分配されるものです。この他、政党の立法活動を支援する目的で立法事務費も年間五〇億円程度出されています。現在、各政党の本部はこのような国庫補助に大きく依存しています。自民党本部の場合、年間収入約二六〇億円の七〇%、一八〇億円が税金です。また、民主党本部の年間収入約一一五億円のうち、税金の占める割合は九七%、一一〇億円です。これでは政党はあたかも国家機関のようであると問題視する意見がでてきても当然です。

もう一つの考え方は、政党は主として、その理念や政策の賛同者によって自発的に支えられるべきというものです。海外でもこのような考え方が示されています。例[*33]えばドイツでは、政党は「国家からの自由」を原則としなければならないとの見地から、政党が受けとる国庫補助は、自ら調達する金額を越えてはならないとの憲法判断が下されています。

③政治参加と政治寄付

日本の場合、政治と意思的に距離を置き無党派であることをよしとする風潮があります。しかし、本当にこれでよいのでしょうか。日本社会の枠組みを決定するのは政治家・政党以外にはありません。政治に無関心ということは、日本の将来に無関心ということと同義なのです。

政党や政治家の主義・主張を一人ひとりが自分なりに判断して支援すれば、その行動はそれぞれの立場から政治をよくすることにつながります。選挙権の行使も支

どを国会議員一人当たりで計算すると一億二〇〇〇万円。アメリカの場合、一ドル＝一〇六円で上院議員は二億七〇〇〇万円ですが、下院議員は一億三〇〇〇万円。イギリス、ドイツ、フランスの場合には、日本の半分から四分の一程度です。日本の公的助成が世界最高水準であるにもかかわらず、公的助成が少ないと多くの人が感じるのは、アメリカの場合にはほとんどすべてが議員の手元にいきますが、日本の場合には、いったん政党にお金が入り、その後、個々の議員に届けられるからです。ただし、議院内閣制の下では、相当程度政党でお金が使われるのも当然です。もう一つの違いは議員の数です。アメリカの場

援の重要な方策ですが、それだけではありません。寄付という形で、お金で意思を示すことも可能なのです。

合、人口三億八〇〇〇万人で上院議員が一〇〇人、下院議員が四三五人です。ところが日本の場合には、人口はアメリカの半分以下であるにもかかわらず、参議院議員の数は上院議員の二・五倍、衆議院議員は下院議員の一・一倍となっています。

＊33　例えばドイツでは～憲法判断が下されています
一九九二年、ドイツの連邦憲法裁判所による判決。

「一〇〇人村」のワークショップ

インターネットで文章を変えながらも転送が続けられていた「インターネットフォークロア」から池田香代子さんが再話をした『世界がもし100人の村だったら』は、二〇〇一年九月一一日、一〇月七日以降の世界を憂う、多くの人々の心をとらえ、現在、ミリオンセラーになっています。世界で起こっている出来事を、世界を一〇〇人の村と見て描くというアイデアは、私たちの新しい気づきをもたらしました。この本を利用したワークショップを紹介したいと思います。

（ワークショップの例）

「二〇人は［　　］が十分ではなく
　一人は死にそうなほどです
　でも一五人は［　　］すぎです」

（『世界がもし100人の村だったら』より）

1　右の文章について考えることを、クラス（グループ）のメンバーに伝えます。

2　クラス（グループ）の二一％（二〇％＋一％）の人と一五％の人に立ってもらいます（『世界がもし100人の村だったら2』の修正の数字を使えば、ちょうど同数の一五％と一五％になります）。

3　この最初の二一（一五）％の人はどういう人たちかを質問します。

4　わからなければ、「栄養」という言葉が入ることを伝えます。それでは、あとの一五％の人はどういう人たちかを考えてもらいます。おそらく、「太りすぎ」という言葉は出てくるでしょう。

5　この「太りすぎ」である一五％に入った人たちに、「あなたがもし今、食べきれないほどの食料を持っていて、向こうに立っている人たちが、空腹に耐えていたとしたら、どうしますか？」と質問します。おそらく、「あげる」と答えるでしょう。

6　『世界がもし100人の村だったら』の最後の文章を読んでみます。

「Perhaps, if enough of us learn to love our village it may yet be possible to save it from the violence that is tearing it apart.」

〔私たちの多くが、自分たちの村を愛することを知ったなら、地球村を引き裂《さ》いている暴力の手からこの村を救うことは、まだできます〕（筆者訳）

7　5の質問にあるようにワークショップの場でできることが、なぜ世界全体ではできないのかを、ワークショップ参加者で話し合ってみましょう。

8　その際、「love our village」（地球村を愛する）とはどのようなことなのか、「violence that is tearing it apart」（地球村を引き裂いている暴力）とは何なのかを考えてみましょう。

私たちに足りないもの、身につけなければならないものは、想像力としての「愛」ではないでしょうか。『世界がもし100人の村だったら』という小冊子は、私たちの潰《つい》えかけた想像力を再生させたように思えます。

【補足】

二〇〇一年に発行した同書の数字の根拠は、若干問題があるということで、二〇〇二年には、『世界がもし100人の村だったら2』が発行されています。

・『世界がもし100人の村だったら2』池田香代子、マガジンハウス編、マガジンハウス、二〇〇二年

また、開発教育協会からは、ワークショップ版も発行されています。ここにも、いくつかのワークショップの例が掲載されています。

・『ワークショップ版世界がもし100人の村だったら』一〇〇人村教材編集委員会編、開発教育協会、二〇〇三年

【参考文献】

・『世界がもし100人の村だったら』池田香代子再話、C・ダグラス・ラミス対訳、マガジンハウス、二〇〇一年

「ちがいのちがい」のワークショップ

日本語で「ちがう」という言葉が「正しくない」という意味で使われることがあるように、「ちがう」ことの価値が日本では認められないいきらいがあります。多様性を知り、それを認められるように、あってよいちがいとあってはならないちがいを区別する「ちがいのちがい」のワークショップを行ってみましょう。

〈ワークショップの例〉

1　次のような短文カードを「あってよいちがい」と「あってはならないちがい」に分けてみましょう。

2　分けたあと、それぞれを「ダイヤモンドランキング」の形にして模造紙に貼《は》ってみましょう。

＊ダイヤモンドランキング
下のようにカードを並べる方法

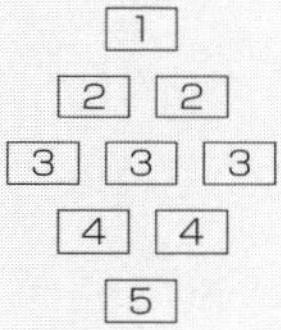

3　一番「あってよいちがい」と一番「あってはならないちがい」について、班別に発表しましょう。

〈短文カードの例〉

1　ジョン君は肌の色が黒いが、トム君は白い。

2　日本で生まれた在日朝鮮人の朴さんは常に外国人登録証を持たなければならないが、イギリス生まれの日本人渡辺さんは持たなくてもよい。

3　日系ブラジル人なら日本で働くことができるが、他のブラジル人は日本で働くことができない。

4　日本では食事のときにハシを使うが、インドでは指を使う。

5　イスラム教徒は豚肉を食べず、ヒンズー教徒は牛肉を食べない。

6　日本では、自己主張をするとでしゃばりと非難されるが、アメリカでは自己主張しないと低く評価される。

7　日本では、高校生のアルバイトは禁止されているが、オーストラリアでは積極的にすすめられる。

8　日本には死刑制度があるが、フランスにはない。

カードの文例は、『新しい開発教育の進め方─改訂新版』（開発教育推進セミナー編、古今書院、一九九九年）から引用。

なおワークショップの方法は筆者のアレンジによる。

様々な問題を「地図化」してみよう

◆データマップをつくろう！

データマップとは、白地図に統計データをもとに色分けするという方法です。例えば、世界各国のGDP（国内総生産）の七〇万ドル以上の国を「赤」、五万ドル以下の国を「青」で分類してみましょう。その結果、南北の格差いわゆる「南北問題」が非常にはっきりとした形で認識できます。あなたが関心をもつ問題に関するデータマップを作成してみましょう。

【参考文献】

『ＮＨＫスペシャル「データマップ六十三億人の地図」いのちの地図帳』（アスコム、二〇〇四年）

◆コンセプトマップ（概念地図）をつくろう！

コンセプトマップは、あるテーマについて、あなたの頭の「引き出し」に散在・混在する様々なデータを相互に関連づけてその全体像を明らかにする方法です。コンセプトマップは、形状別に①クモ型、②階層構造型、③フローチャート型、④システム図型、⑤景観図型、⑥多次元／３Ｄ型、⑦曼荼羅《まんだら》型、などがあります。

ここでは、①のクモ型コンセプトマップを例に、「一台のケータイから世界を考える！」というテーマで、次の手順で、作業をしてみましょう。

①ケータイという言葉を見て、あなた自身の知識や体験などをふまえて連想する言葉を列挙しましょう。

②「Ⅲ－１（２）」の「経済のしくみ（ケータイから考える経済）」を読み、ケータイについて考えるのに欠かせない言葉を列挙しましょう。

③①および②のキーワードから関係の深いものを集めてグループごとにタイトルをつけてみましょう。

④コンセプトマップの中心に「ケータイ」と書き、タイトルをつけたグループごとに位置を決めて、すべてのキーワードを線や矢印などでネットワークしてみましょう。

⑤できたコンセプトマップを友だちと見比べ、新たにわかったことや疑問などをレポートにまとめてみましょう。

【参考文献】

具体例については、『Shepard Elementary School』の教師用『Concept Mapping Resources』の「Example Concept Maps」参照。
(http://www.columbiak12.mo.us/she/cncptmap.html)

■中学生が作ったコンセプトマップ

地雷（Landmine）からイメージするキーワードをネットワークする。

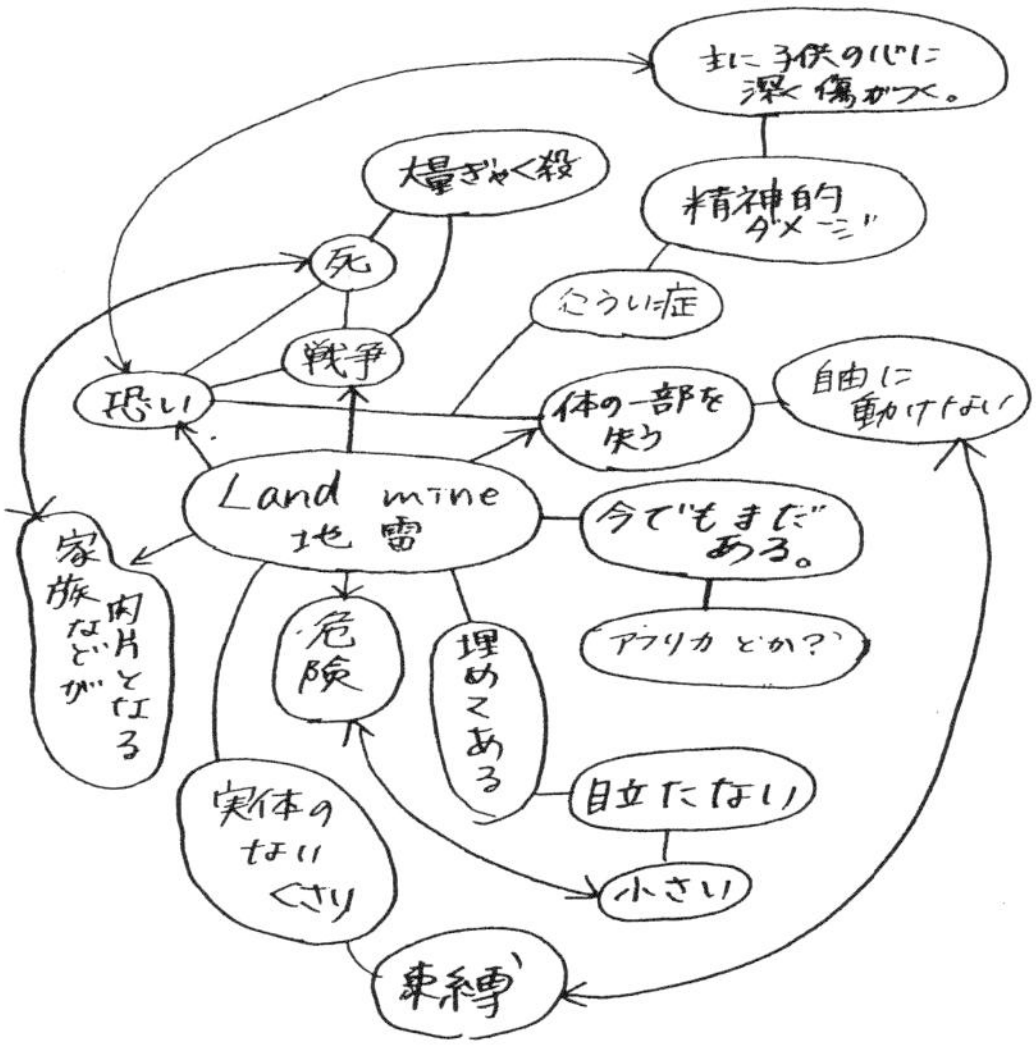

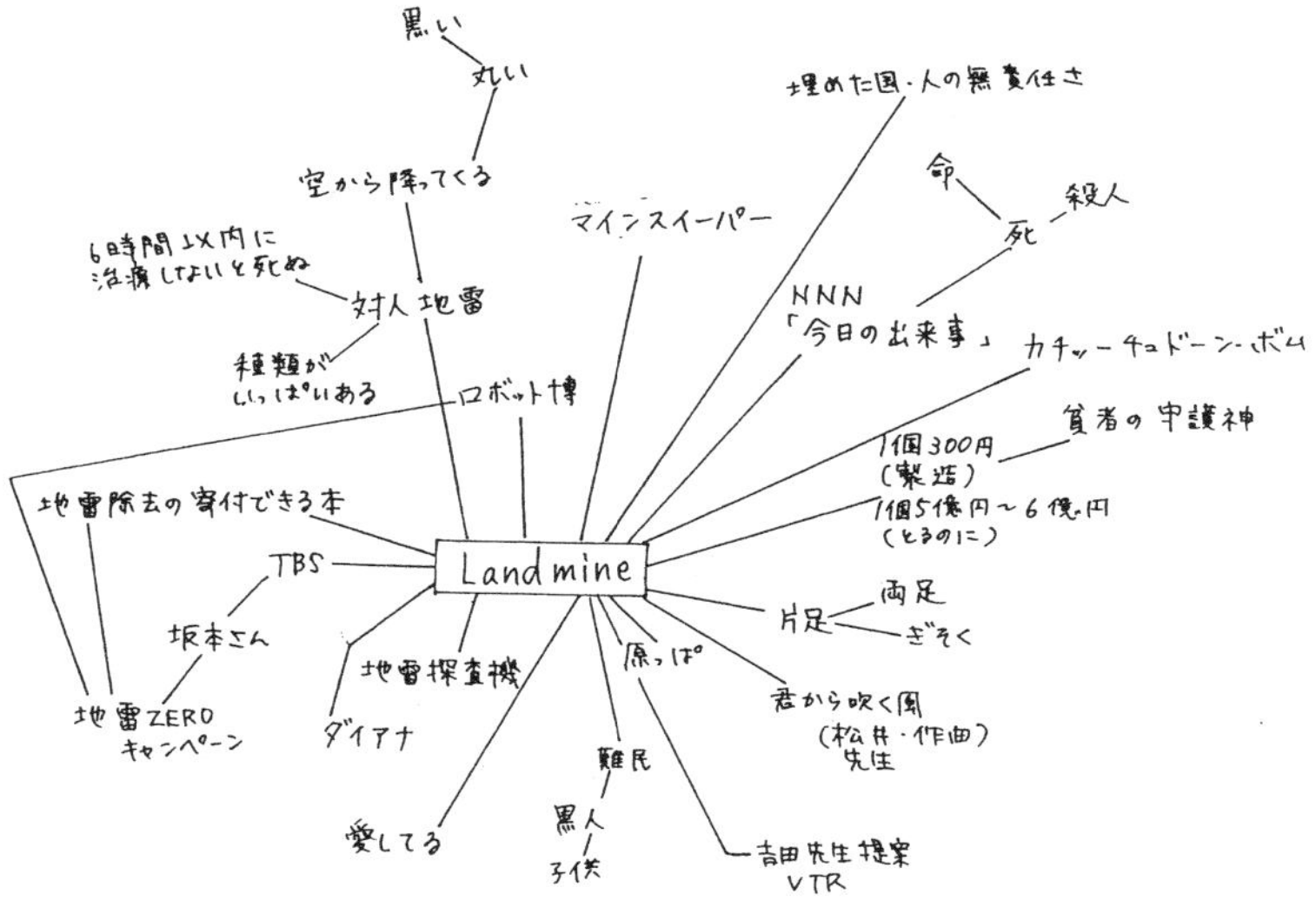

Ⅲ-❷ 社会のビジョン（理念）の共有と、制度について

ここでは、社会についてのビジョン（理念）の共有をはかるとともに、その逸脱をチェックする諸制度への理解と、その改善について考えていきましょう。

人間が集まり社会が形成されるようになると、[*1] 様々なビジョン・考え方やルールを市民が共有し、みんなの秩序を保つ必要がでてきます。法律をつくることはその手段の一つになります。そして法律をどのように決めて運用するのかという決め方や運用の仕方そのものを決めるのも、民主主義にとっては非常に重要なことです。制度は、こうした秩序を法律や文章に書くことによって形になっていきます。

また、さらに広い意味での制度には、文章に書かれたものだけでなく、暗黙の了解で人々が一定の行動をとるような社会的規範も含めて考えることができます。この場合は価値観を含めた文化的な要素が大きな役割を果たすことになります。日本は主権国家であり他国の支配の下にはありませんから、固有の文化を活かして独自の社会秩序を形成することができます。日本ではその最も基本の法律であり国の枠組を定めている憲法において、国民主権と定められ民主主義体制をとっているわけですから、どのような制度にするのかという最終的な権利と責任は、私たち日本人

＊1　人間が集まり～みんなの秩序を保つ必要がでてきます
「Ⅰ-1」の一〇ページ、「Ⅳ-1」の一〇〇ページ参照。

の一人ひとりがもっているのです。

私たちの制度は、私たちの文化がそうであるように、世界のどの国のものとも同一ではありません。しかし、戦争などの苦い経験から人類が考えだした立憲主義をとり入れている部分は、他の多くの国々に共通しています。立憲主義は権力の乱用を防ぐためにあります。しかし、それだけでは市民が主権を得るには不十分です。

例えば、憲法が独裁政治に近い制度を認めている場合や、かつて日本にあった明治憲法で何が起こったかなどを考えれば、人類には苦い経験が多くあることに気づかされます。立憲主義だけで安心してしまうのではなく、憲法の中身そのものをよりよくしようとしたり、その中のよいものを守ろうと努力することが重要です。人類は今もそうした努力を続けています。

基本的人権[*2]を憲法で保障するという考え方は、そのような過程から生まれたものです。人間が生活していくために最低限必要な生命や自由そして財産などを保障するのです。それが憲法に盛り込まれることによって、政治の本来の目的や社会のあり方など、根本的な価値が人々の間で共有されることになります。日本が[*3]一九四七年五月三日に施行した現行憲法は、こうした人類の知恵と進化を反映させたものになっています。

憲法・立法・行政・政府・司法の役割についての理解

日本の現在の憲法は、第二次世界大戦後に公布・施行されました。憲法には、日本が敗戦を認めたポツダム宣言の精神が色濃く反映されています。例えば、軍国主

＊2　基本的人権
日本国憲法の第一一条参照。

＊3　日本が〜反映させたものになっています
「Ⅱ‐1」の四三ページ参照。また、『日本国憲法の二〇〇日』（半藤一利著、プレジデント社、二〇〇三年）参照。

＊4　GHQ
General Headquartersの

義の否定、民主主義の確立、基本的人権の尊重などがそれです。戦後日本を占領していたのは連合国軍総司令部（ＧＨＱ）[*4]でしたから、それを指揮していたアメリカ合衆国が日本国憲法に大きな影響を与えました。そういう意味では、日本国憲法にはアメリカ的な民主主義の考え方が少なからずとり入れられています。明治憲法下では、天皇に主権があって国民にはそれがありませんでした。それを改正した新しい日本国憲法の基本原理は一転して、基本的人権の保障、国民主権、そして平和主義という三つの近現代的な憲法の要素をとり入れたのです。国民主権が憲法に書き込まれたことによって、私たち市民が主権者であるという基本理念が、文章をとおして共有されることになりました。ですから私たちは、この権利を決してエリート任せにしてはならないのです。私たち市民の代表を選ぶ選挙や、地域での住民投票[*5]など、様々な機会に積極的に自分の意見を反映させる必要があります。また規模の[*6]小さい地方自治体活動や社会的な様々な活動への参加は、より身近な政治を実現する手段であり、私たちの生活を豊かにする方法です。

憲法の平和主義は、戦争そのものが基本的人権を壊《こわ》す行為だという認識のうえに立っています。また戦争は人命を喪失させたり人に怪我《けが》をさせたりするだけでなく、軍事費が非常にかさむことによって、社会保障や文化活動へまわす資金が削られることにもなりかねません。人権保障や経済発展だけでなく、食料や医療そして教育の保障さえも犠牲にして、環境や資源に重大な影響を与える可能性があるのです。日本は憲法で自衛以外の戦争を放棄しています。

その他に憲法は、三権の分立を規定しています。三権分立[*7]とは、立法権、行政権、

略。

＊5 住民投票

「Ⅴ‐2」の一八九ページ参照。

＊6 規模の小さい地方自治体活動や社会的な様々な活動

「Ⅳ‐5（1）」の一五一ページ参照。

＊7 三権分立

日本国憲法の中には、「国会は……国の唯一の立法機関である」（第四一条）、「行政権は、内閣に属する」（第六五条）、「すべて司法権は、最高裁判所及び法律の定めるところにより設置する下級裁判所に属する」（第七六条一項）と書かれています。

司法権、という三つの権力を分散させることです。立法権は政治の基準となる法律を制定する権力のことで、行政権は法律を裁判以外の面で執行する権力です。そして司法権は法律を適用して裁判をする権力のことです。これらが相互にチェック・アンド・バランス[*8]の緊張関係を保つことができれば、権力の濫用《らんよう》を防ぐことができますし、基本的人権の侵害を防ぐことにもなります。ただ残念ながら日本では、実質的な意味でこれらの境界線があいまいになっていたり、必ずしも相互のチェック・アンド・バランスが機能していない側面があります。

①立法権

憲法の規定により、国会は「国の唯一の立法機関」と位置づけられていますから、政治の基準となる法律は原則として国会以外のところでは制定することができません。そのため、内閣または国会議員から提出される法案は「憲法に特別の定めのある場合を除いては、両議院で可決したとき」[*9]はじめて法律となります。その他に国会には、予算の議決権、条約の承認件、憲法改正の発議権、総理大臣の指名権、国政調査権[*10]、などがあります。また国会は、すべての仕事を全体会議つまり本会議で審議するには時間が足りませんので、仕事の種類ごとに専門の委員会を設けてそこでじっくりと検討します。国会法によって、衆議院に一七の常任委員会が設置され、参議院にも同様に常任委員会が設けられています。本会議での審議や決定は、委員会での専門的な検討と報告をふまえて行われるしくみです。[*11]ただ実際に委員会で専門的な取り組みをするためには、必要な資料を調査し、技術的な支援能力のあるス

＊8　チェック・アンド・バランス
「Ⅰ‐1」の二〇ページ参照。

＊9　「憲法に特別の定めのある場合を除いては、両議院で可決したとき」
日本国憲法の第五九条一項参照。

＊10　国政調査権
国政調査とは、「任意の協力を得てまたは強制的に、国政の一定の事案に関して議院が情報を収集し、これを分析して事実を発見し、認定するために行う議事」です。ただし国政調査権は、議院内閣制の下では国会における与党と行政府が利害を共にする場合が多く、あ

タッフが必要になります。そのようなスタッフなどをはじめとする委員会の機能をサポートするしくみが必ずしも充実していない日本では、委員会の役割が十分機能していないのではないかという疑問も残ります。

国会は、衆議院と参議院の二つの議院で構成され、どちらも選挙で選ばれた議員が活動する場所となっています。任期は衆議院議員が四年で参議院議員は六年です。ただし衆議院には解散のシステムがあり、その場合には解散と同時に任期が終わります。参議院には解散がありません。

②行政権

日本国憲法の定めでは、行政は内閣が担当します。裁判の場合を除いて、国会のつくった法律や政策を執行する責任が内閣にあります。議院内閣制[*12]をとる日本では、内閣総理大臣が国会議員の中から指名され、各大臣は総理大臣によって任命されます。内閣の中では総理大臣に最も強い権限が集中しています。憲法には「内閣を代表して議案を国会に提出し、一般国務及び外交関係について国会に報告し、並びに行政各部を指揮監督する」と書かれています[*13]。日本の内閣はその他にも、外交関係の処理、国会の承認を得て条約を締結すること、法律に従い内閣を補佐する役目にある公務員たちに関する事務処理、作成した予算の国会提出、憲法や法律で決められた事柄を具体化するための政令制定[*14]、恩赦決定[*15]、最高裁判所の長官指名、高等裁判所や地方裁判所などの裁判官任命[*16]、など数多くの権限をもっています。

法や政策の執行という役割については、官庁などの行政機関が大きな働きをしま

まり積極的に使われてこなかったというのが現状です。

＊11　ただ実際に委員会で～スタッフが必要になります

「政策形成と委員会システム：米立法府における委員会・政党・スタッフの関係」（中林美恵子著『Policy Analysis Review』東京財団、二〇〇〇年）

＊12　議院内閣制

議員内閣制では、内閣の組織と活動を国会の統制のもとにおいています。また一方で内閣に衆議院の解散など権限を与え、選挙を通して国民に直接訴えるという手段を認めています。

す。その意味で、行政の頂点に立つ内閣は、実質的に日本の政治の中心だということができるでしょう。国会は、行政の基準となる法律を制定する権限をもち、内閣の責任を追及することはできますが、実際には国会議員にかなりの専門知識や現場感覚がないと、法律をつくることはできません。そのため結局は、内閣やそれを支える行政官庁の公務員たちの力に頼ることになります。また、法律として成立する法案の大部分は内閣から提出されるので、与党が分裂でも起こさない限り、内閣が不信任されたりすることもありません。ですから、最終的に内閣を監視し統制するのは市民の役目となります。市民は、主権者としての意識と知識に、日ごろから磨きをかけておく必要があります。

③司法権

日本国憲法の下では、司法権つまり裁判権も国民のものです。三権分立の法則は、市民から独立しているという意味ではありません。憲法は、国民の基本的人権が「立法[*17]その他の国政のうえで、最大の尊重を必要とする」としてそれを保障していますから、すべての権力はそのための手段になります。そして三権分立の原則の下、裁判官は国会や内閣から、あるいは他の裁判官からも、干渉を受けることのない独立した存在になっています。それは国民の基本的人権を守るための規定です。そのため裁判官は憲法[*18]で定められた特別な事情がない限り、罷免《ひめん》されることはありません。一方で、国民審査[*19]の結果によっては罷免が可能ですが、その制度の矛盾もあり、これはその機能を十分に果たしているとはいいきれないのが現状です。

＊13「内閣を代表して〜指揮監督する」
日本国憲法の第七二条参照。

＊14 政令
法律で定めたことをさらに具体化しないと、実際に政策を行えない場合があるので、そのような時は内閣がつくる政令でより具体的な基準を定めます。

＊15 恩赦
恩赦とは、裁判所によって言い渡された刑罰や検察官による起訴などを帳消しにするものです。

＊16 任命
最高裁判所の指名したものの名簿にもとづいて任命します。

●法制度に関する理解

法制度などは、様々なビジョン・考え方やルールを市民が共有する一つの手段であることを先に述べましたが、それがいかなるものであるかをここで考えていきましょう。

争いやもめごとが起こった時も、あらかじめ規則が示されていれば、解決の可能性が高まります。そして裁判は、暴力による紛争の解決を回避する手段ですから、けんかなどとは全く異なり、暴力に頼らずに論争と証拠によって争いを解決します。人間が直面する問題の解決手段となっているのが、私たちの法律なのです。

裁判で争いに決着をつけるには、権利や義務の所在を明らかにすることが鍵《かぎ》になります。誰《だれ》かの主張する内容が法律的に裏づけられている場合は、その人に権利があることになります。反対に、これをしなければならないと法律で定められている場合は、義務があるということです。また「法律なければ刑罰なし」[*20]という基本がありますから、法律に違反していない人を処罰することはありません。

それらは市民同士の紛争の場合（民事事件）でも、行政が市民の権利を侵害する場合（行政事件）でも、刑法上の犯罪の場合（刑事事件）にも有用です。

しかし裁判は万能ではありません。例えば、学説論争や宗教の教えなどのように法律で定められた基準がないものは、判断することができないのです。また、非常に政治性の強い事件では、判断を避けるようなことも、これまでに何度も起きています。それに裁判の内容によっては、そもそもどこまでが法律で認められた権利な

＊17 「立法その他の国政のうえで、最大の尊重を必要とする」
日本国憲法の第一三条参照。

＊18 憲法で定められた特別な事情
心身が故障して裁判をすることが不可能であると裁判で決められた場合と、「公の弾劾《だんがい》」（憲法第六四条により国会議員が組織する弾劾裁判所によって裁判官が不適任だとして罷免する裁判）で罷免される場合などがこれにあたります。

＊19 国民審査
最高裁判所の裁判官は、任命された後に初めて行われる衆議院議員総選挙の投票の時、国民審査にかけら

のか義務なのかという入り口のところで大きく意見が分かれてしまうこともあります。

このように、法律[*21]は私たち市民のために存在するものです。決して市民を支配しようとする権力者のものではありません。そういう感覚を私たち自身が共有することが、法治主義を守るための大前提となります。人間[*22]は権力ある地位に就くと、自分の都合に合わせたルールづくりや法の解釈をしたくなりがちです。それに対し、私たち市民は争う権利をもっています。そうした権利は頻繁に行使することによってのみ守られます。もしも議員や裁判官に法律の問題を任せっ放しにしてしまったら、私たちの代わりに働くはずのこの人たちが、本当に市民のために仕事をしているかどうかさえ判断できなくなってしまいます。私たちの代表者を注意深く観察して民意に反する法律の制定や運用があれば、指摘していくことが必要です。それでも改善されなければ、次の選挙で代表者をとり替えることも視野に入れなければなりません。権力の横暴があった場合、見て見ぬふりをしたり泣き寝入りをしたりしないことが大切です。法秩序というものが、何のために、そして誰のためにあるのかを考えればそれは明白なことです。

その他の分野における社会のビジョンの共有

以上述べてきた以外の分野において、社会のビジョンを共有し、その共有からの逸脱を抑えるチェック・アンド・バランスについて、いくつかの例を説明しておきたいと思います。これ以外の分野についても、みなさんで考えてみましょう。

れます。その後十年ごとにこれがくり返されます。ところで、審査の記入用紙には、よくわからないという理由で棄権できないしくみになっています。よくわからない人は無記入になりますが、何も書いていなければ自動的に信任したとみなされるので、どこまで本当に市民の声を反映しているかわからないという疑問が残ります。また、国会議員によって組織される裁判官訴追《そつい》委員会が裁判官に対し「罷免の訴追」をできることになっています。国民はこの訴追委員会に対しそれを要請することができます。

*20 「法律なければ刑罰なし」
犯罪法廷主義ともいわれ

私たちが社会で生活するにあたって避けて通れないのが経済です。まず、私たちは自由な経済活動を行うために通貨を使用します。お金は、その額に応じてほとんどあらゆるものやサービスと交換できるという便利なものです。またお金はただ物品やサービスと交換できるだけでなく、銀行などに預けて利子を得ることもできます。また金融機関[*23]は銀行だけではありません。証券会社や保険会社それから公的機関などをとおして、債券や株に投資して利益を得ることも可能です。国内だけでなく外国の金融商品に投資する場合もありますので、近年では政府がこうしたお金の動きや数量を管理することがますます難しくなってきています。そのため私たち一人ひとりも経済についての知識を得て、積極的に関《かか》わる必要があります。

日本は、資本主義を土台とした市場経済のシステムを採用しています。市場経済ルールの基本は「競争」です。競争があるからこそ、小売店や製造業者など多くの売り手と、多くの買い手が自由にいろいろな商品を売買することができます。それぞれの商品分野（例えばテレビや電話など）がそれぞれの市場を形成します。商品を売る側は、より多くの買い手を獲得するために、工夫をこらした商品やサービスを競争して開発します。消費者にとっては、商品の選択の幅が広くなるだけでなく、値段も競争で下がる可能性が大きいので好都合なわけです。ところが、もし市場に企業が一社しかなくなってしまうと、その一社は競争する必要がないので、商品も値段もその一社の思いどおりにされてしまうでしょう。この状態を「独占[*24]」といいます。これを取り締まるため独占禁止法という法律が用意されています。この法律を運用して経済活動が公正に行われるように監視し、消費者の利益を守る目的を与

ます。人々の自由と人権を守るためにあります。

＊21　法律は私たち市民のために存在するものです

ただし、裁判も裁判官という人間が判断しますので、人間がつくるすべての制度同様に、完全に公平であるとか全く問題がないというわけにもいかない場合もあります。そのような問題をできるだけ避けるために、判決に不服な場合は裁判を三度まで受けられる「三審制度」がとられています。

＊22　人間は〜解釈をしたくなりがちです

「Ⅴ-1」一七九ページ参照。

えられた機関が公正取引委員会[*25]という独立組織です。委員長と委員の合計五人で構成され、他の政府機関から監督や命令を受けることはありません。この五人は、内閣総理大臣の推薦を受け、国会の承認を得て任命されます。

　経済の他にも、私たちが社会で生活するうえで重要であり、情報の獲得や発信・伝達を通じて、ビジョンを共有したり、社会の様々な動きをチェック・アンド・バランスさせていくものがあります。それは、マス・メディア[*26]です。新聞・雑誌・テレビ・ラジオなどのマス・メディアは、立法、行政、司法から独立していますし、そういった権力に支配されることのないように、表現[*27]や報道の自由、言論の自由が保障され、それらの役割が機能するように知る権利なども法制度上において、守られているのです。そして、それらの権利を通じて、メディアが、それらの権力の行き過ぎをチェックしている面もあります。市民に対するインパクトの大きさから、第四の権力とさえ呼ばれます。しかしこうした公器（公の役割を果たす機関）であるメディアも、世の中で起こっている事柄のごく一部を編集して興味深く伝えようとする性格があるため、つくり手や書き手の先入観、あるいはスポンサーや政府を含めた情報提供側の意図などが反映されてしまいます。何が本当か嘘かは、結局、受け手である私たち一人ひとりが自分の頭と目を使って確かめるしかありません。

　また、社会[*28]では、個人の利益だけを考えるのではなく、社会全体を豊かにすることによって一人ひとりがその利益を分かち合うという考え方が必要となります。その理念がなければ、民主主義も社会も内側から崩壊するでしょう。そのような公共心を体現している制度には多くのものがあります。

＊23　金融
金融市場では、資金を貸したり借りたりする必要から、そのバランスに応じて利子率が変動します。日本の場合、日本銀行の設定する公定歩合が全体の利子率の目安になっています。

＊24　「独占」
これに類似したものとして、企業同士が相談し合って競争をやめてしまうことを「カルテル」といいます。

＊25　公正取引委員会
これは、独占禁止法を運用するために設置された独立機関であり、独占禁止法の補完法である下請法、景品表示法の運用も行っています。また、行政組織上は内閣府の外局として位置づ

ここでは、その制度を考えるために、財政面から社会全体を支えている税[*29]金という制度をとりあげてみましょう。政府は税金を財源にして市民に原則として無償でいろいろな公共サービスを提供しています。特に、民間企業では商売にならなくても社会にとっては必要不可欠なもの（安全保障、外交、経済協力などの純粋公共財）を提供しています。また、学校教育、年金、医療など、多くの人々が必要とするものを提供したり、恵まれない人への福祉を提供したりするのも、政府の重要な役割です。誰の人生にも浮き沈みはつきものです。問題が生じた時に、政府などからの支援があることは心強いものです。そして社会の安定から得られる利益は、その構成要員である一人ひとりにとって非常に大きいのです。こうした社会サービスの費用をまかなうために日本では、市民から税金を強制的に集める法律を制定しています。もし強制的でなければ、自分だけはただでサービスを受けようとする人々が出てくる可能性があります。そして一方で、政府が勝手な費用負担を市民に強要することができないよう、税金システムの変更には、国民・市民の代表である国会において法律によって定めることとなっており、つまり市民の合意が必要とされます。

情報公開の重要性

憲法がとなえる国民主権は、政治に市民が参加することを意味します。政治に参加するとはいってみても、知識や情報が手に入らなければ参加が難しいことになります。例えば、政府が税金を無駄に使っているかどうか判断したくても、また市民が自分たちの主張を提案して政策に反映させようとしても、正しい情報がなければ

けられています。

＊26　マス・メディア
「Ⅲ‐3」の九二ページ、「Ⅴ‐1」の一七七ページ参照。

＊27　表現や報道の自由、言論の自由が保障され〜守られているのです
これらの権利も、人類の歴史の中で、民主主義を機能させるために、市民が獲得してきた権利です。

＊28　社会では〜考え方が必要となります
「Ⅰ‐1」の一一ページ、「Ⅳ‐1」の一〇〇ページ参照。

＊29　税金
「Ⅳ‐1」参照。

何もできません。市民が政治に参加するためには、知る権利の保障が必要となるのです。そのために情報公開制度が存在します。政府の都合に関係なく私たちが必要とする情報を入手するには、こうした制度的な保障が不可欠です。食品や環境といった人々の健康や生命に関わる情報の他、支払った税金の使いみちや、その効果など、市民が情報を得ることによって、権力のある地位に就いた者などを監視し、評価することができるのです。正確な情報は、チェック・アンド・バランスの機能を支える基盤ですし、次の選挙で誰を私たちの代表にするかを決める重要な手がかりとなります。

　市民に知る権利があるということは、政府が知らせる義務を負っているということでもあります。そのため法律や条令で、情報の開示手続きが定められています。中には適用除外条項というものもありますが、これは公開義務を免除するという意味であって、公開が禁止されているのではありません。この場合、市民は、非公開の是非を裁判所などで争うことができます。ただし個人情報が流出してしまうと、基本的人権が侵害されるおそれがあるため、プライバシー保護制度[*30]も用意されていなければなりません。

　それでも、実際にどのようにどんな情報の公開を求めたらよいのかという段階になると、何から手をつけたらよいかわからなくなってしまうことが多々あります。

　実際にどういう情報がどこにあるのかという細かい情報は、普通の人が容易に知り得るものではありませんし、かたっぱしからすべてを調べる暇《ひま》もありません。その意味からも行政機関などに対して、どのような情報があるのかという正確なリス

＊30　プライバシー保護制度
政府や企業による個人情報の収集・保管・利用・提供を規制し、個人に認められたコントロール権（つまり自分の情報の開示を求める権利、訂正・削除を求める権利、目的外利用や外部提供の中止を求める権利など）を行使することでプライバシーを守ろうというものです。

＊31　民主主義とは〜維持は難しくなるでしょう
「Ⅰ・1」の一七ページ参照。

＊32　自分たちの〜みんなで議論しながら考えてみましょう
「Ⅲ・2」のＡｃｔｉｏｎ④参照。

トをつくるよう、市民から常に働きかけておく必要があります。また市民は、次のようなことにも注意していくことが必要です。それは、情報の公開を請求しても延々と返事を出さないという機関もありますから、回答期限を示すようにせまることです。また、公の機関にある情報は私たちの税金を使ってつくったり集めたりしたものなのですから、公開を求める市民ができるだけ使いやすく、素人でも情報の所在がわかるように、制度を進化させていくということなどです。

いろいろな意味で民主主義というものは、なかなか制度の枠の中におさまりきらない部分があります。民主主義[*31]とは、制度そのものというよりも制度を求める市民の運動をさすものだからです。つまり民主主義はいつまでたっても不十分で不完全なものであるということになります。また、公共精神とか民主主義感覚といった、市民による価値観の共有も必要とします。自分の狭い範囲の利益だけを追求して身勝手な行動をとるのではなく、全体のことを考えるという姿勢が存在しなければ、民主主義の維持は難しくなるでしょう。一握りの権力層にみんなが従うというエリート支配主義と違って、民主主義は人々のいろんな意見をとり入れながら発展するものです。その意味で、間違ったり失敗したり人から批判されることを怖がっていては、民主主義を継続していくことが不可能になります。社会や政治や制度について、一人ひとりが身近な人と議論を始めるというところから、第一歩を踏み出しましょう。

【課題1】 日本の憲法を読み、その内容について議論しましょう。そして海外の憲

＊33 模擬裁判
「Ⅲ-2」のAction⑤参照。

【参考文献】

・『憲法読本　第三版』杉原泰雄著、岩波ジュニア新書、二〇〇四年
・『市民生活と法』田中聖、後藤泰一、山本哲士編、第一法規、一九八九年
・『法案作成と省庁官僚制』田丸大著、信山社、二〇〇〇年
・『統治システムと国会』堀江湛編、信山社叢書、一九九九年
・『税のしくみ』宮島洋著、岩波ジュニア新書、一九九二年
・『市民社会と憲法・法学』三好充、鈴木義孚、小野山俊昭編、嵯峨野書院、

法とも比較し、どのような部分に類似点や相違点があるのか、話し合ってみましょう。

【課題2】 日本における三権分立は、現実面ではどのようになっているのか調べましょう。不完全な部分があるとしたら、どうしてなのか話し合ってみましょう。また日本と同じ議院内閣制をとるイギリスの三権分立のしくみも、日本と比較しながら検討してみましょう。

【課題3】 自[*32]分たちの身近な社会でのルールや意思決定のしかたを調べてみましょう。そして、その改善策をみんなで議論しながら考えてみましょう。

【課題4】 国会のしくみや行政のしくみ、そして裁判のしくみを、それぞれくわしく調べましょう。そして仲間と協力して取り上げるテーマや役柄の担当を決め、模擬国会や模[*33]擬裁判を行ってみましょう。

一九九八年
・『衆議院　そのシステムとメカニズム』向大野新治著、東信堂、二〇〇二年
・『法というものの考え方』渡辺洋三著、日本評論社、二〇〇四年

まちを歩いて、「夢マップ」をつくろう

あなたの住んでいるまちに、良いところも悪いところもあるのではないでしょうか。身近なまちのことを、もう一度見直すためにも、歩いてみましょう。良いところや悪いところを整理して、まちづくりの方向やアイデアについて仲間と意見を出し合い、自分たちが望む地域の「夢マップ」をつくってみましょう。

◆まちを歩いてみよう

地図や地域のパンフレットなどを見て、まちのどのあたりを歩くかみんなで話し合いましょう。

まちを歩いていると、いろいろなものを発見します。良いもの（地域資源）と、悪いもの（地域課題）を見つけたら、写真やメモをとっておきます。

誰《だれ》も使わなくなってしまった井戸、お蔵などはどうでしょう。昔からあった水路や川が埋められて道路や公園になっていることもあります。治水や安全、衛生面のよさもありますが、地域のシンボルが失われたとの見方もあるでしょう。便利さと伝統との対立などは議論が分かれそうです。建物だけでなく、地域の方々の生活がみえるもの、自治会の掲示板やNPOの呼びかけなどまちのソフト面も注意してみるとよいでしょう。

◆インタビューをしよう

どうしてこの森がなくなってしまったのか、道路を挟んで民家とマンションがはっきりと分かれているのか……。まちを歩くと、様々な疑問がわいてきます。このようなときは、おばあさん・おじいさんに聞くと、謎《なぞ》が解けてくるかもしれません。地域の人のつながりなど、まちの外観からはわからないこともきいてみるとよいでしょう。公園で遊んでいる子ども、公共施設、商店街で働いている人など、様々な声をひろってみましょう。

◆まちの良い点と悪い点をまとめてみよう

貼り合わせた大きな地図に、歩いたルートを書き込み、写真を貼っていきます。気づいたことや良い点・悪い点を書き加えると、マップが出来上がります。

また、まちの良い点と悪い点を整理して、グループ分けします。議論しながら、関係をつなげたりするうちに、まちの特色や、課題が浮き上がってきます。

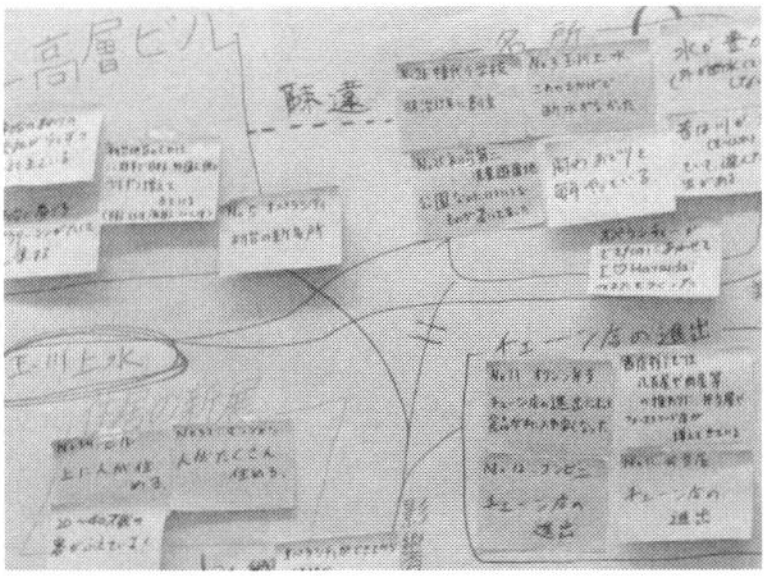

◆まとめたものをもとに、まちのプランを考えよう

まちの特色を伸ばし、悪いところを改善していくためのプランを話し合います。最後、「夢マップ」（構想図）にまとめます。

◆まちのプランを発表しよう

まちの住民や役所の職員、議員などを呼んで、考えたプランを発表してみましょう。それらのゲストからのコメントは、まちづくりに関《かか》わるルールや予算やまちの歴史などについて、様々な示唆《しさ》に富んでいることでしょう。

◆私たちに何ができるかも考えてみよう

まちの課題の改善と、良いところを伸ばしていくために、私たち住民は何ができるかを話し合ってみるとよいでしょう。ゴミを捨てないなどの道徳的な判断もあれば、ボランティアやNPO活動もあるでしょう。また、条例をつくったり、社会のルールの改善から考えないといけないこともあるでしょう。

これらがコミュニティとの関わりの第一歩となります。

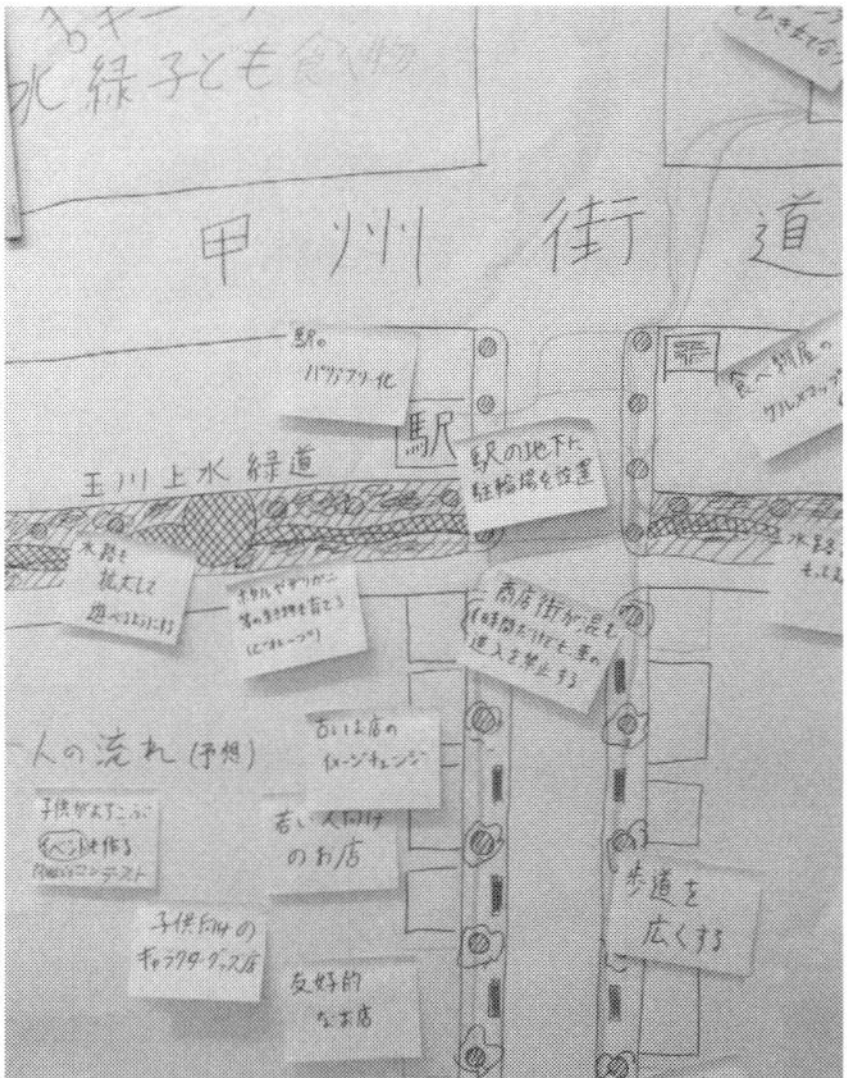

模擬裁判をやってみよう

　自分たちで、模擬裁判をやってみませんか。実は、本格的な疑似裁判体験が、意外に手軽にできるのです。

　今、ほとんどの地方裁判所の本庁（全国の都道府県庁所在地と、北海道の釧路・旭川・函館にあります）では、一般市民や学生の方が模擬裁判を実施することができ、中学校の総合的な学習の時間などにも利用されています。

　例えば、札幌地裁では、一〇名以上の団体からの利用が可能です。当日空いている本物の法廷を使うことができ、裁判官の着る黒い法服も貸してもらえます。

　シナリオも裁判所に用意されています。刑事裁判としては、腕時計窃盗《せっとう》事件、覚せい剤取締法違反事件など複数の事件があり、民事裁判のものもあります。これらはもちろん架空の事例で、実際の事件よりもシンプルですが結構本物らしくできており、内容的にも判断を迷わせるようになっています。札幌地裁では、平成一六年度には九月末日までに、小学生二団体、中学生一八団体、高校生三団体、大学生六団体、一般六団体の計三五団体、一四四〇人の方が利用されています。

　裁判官・検察官・弁護人・被告人・証人と、役割を決めて、シナリオを基にして演技をすればよいのですが、小学生や中学生だと、シナリオをそのまま読むような進行でもよいでしょう。高校生以上だと、事前に準備して、少しストーリーや証言に肉付けをしたり、その場でのアドリブを入れてみたりするのも面白いかも知れません。模擬裁判終了後、傍聴してもらった人から、有罪か無罪かというアンケートをとってみたり、後でみんなで討論したりする例もあります。

　模擬裁判をやってみると、実際の裁判の進行や証拠関係は、テレビドラマとかなり違うことがおわかりになるでしょう。事実の認定や評価は、なかなか単純ではないものだと驚かれるかも知れません。この体験を通じて、裁判への理解を深めていただければと思います。

　模擬裁判を実施していない裁判所もあり、実施していても、法廷の空き具合の問題もありますので、まずは電話でお近くの地裁に問い合わせてみてください。

高校生の模擬裁判の写真

Ⅲ-③ 社会に参画するアクターについて理解を深めよう

ここでは、社会に参画する様々なアクター（ある役割をもって活動する人や組織）について、具体的にみていきましょう。

私たちの生活を支える様々なアクター

私たちの生活は様々な財（人間の生活に必要なもので形のあるもの。水や食料、衣料、家具など）やサービスによって支えられ、それらを消費することで日々の暮らしが成り立っています。財やサービスの生産は、限られた資源を使って行われていることと、社会のシステムと人々の暮らしを支えているという点で、公共性を有しているといえます。この社会的生産を担っている二大セクターが政府と企業[*1]です。

前者は国および地方自治体の行政機関ならびに公企業から成っています。社会の[*2]安全や災害の防止、道路や上下水道、公衆衛生や教育など、公共性の高い部門を固有の業務とし、その経費は基本的には税金で賄《まかな》われています。社会の中でパブリックに関《かか》わる重要なアクターです。

後者は民間の組織、例えば株式会社などの私企業によって占められ、企業活動として様々な財やサービスが商品という形で私たちに提供されています。私企業の存在できる基盤は企業活動によって生みだされる利益です。そのため私企業の活動目

＊1 企業
財やサービスの生産活動を行う組織体。私企業、公企業、公私混合企業に大別されます。公企業は、営利追求には向かない公的需要を満たすために国や地方自治体が所有・経営する企業をいいます。

的の第一は利益をあげることであるとされています。

私たちの社会は、社会的生産の多くを私企業に委《ゆだ》ねていますが、公共部門においては、政府・行政機関が提供する財やサービスのあり方が極めて重要なものとなります。一方、営利を目的に活動する私企業についても、公平・公正な社会の利益の実現のために、その行動に関わる社会的ルールの設定が重要になってきます。

①行政での公共部門についての課題

日本では明治時代以降の近代化の過程で政府や行政組織がその指導的役割を果たし、天皇主権国家を支える官僚機構が公共・公益（公益は「Ⅳ - 4」参照）部門のあり方を独占的に決定し、官が上で民は下という官尊民卑の考え方が広がりました。

第二次世界大戦後は民主主義のもと、多様な社会的ニーズを国や地方自治体が引き受けることで行政組織は肥大化し財政規模も拡大の一途をたどってきました。これらの公共政策[*3]やサービスを財政的に支えてきたのが一九六〇年代からの高度経済成長でしたが、低成長時代、少子高齢化社会を迎えた現在、これまでと同じような公共的サービスを提供することは難しくなり、税や社会保険料などの負担と公共サービスの受益とのバランスが問題となっています。同時に、行政の提供するサービスについてその非効率・高コストが問題となり、分野によっては民営化や公設民営が進められ、官から民への流れが生まれています。

一方、人々の暮らし方が多様化し、公共サービスについても個別のニーズに応じたきめ細やかさが求められるようになってきましたが、行政組織は平等性[*4]・公平性

＊2　社会の安全や災害の防止〜税金で賄われています

「Ⅳ - 1」の一〇六ページ参照。

税や社会保険料の負担率が問題となっています。公共部門を担う政府・行政機関の役割について広範囲にとらえる「大きな政府」の考え方とできるだけ限定的にとらえる「小さな政府」の考え方が対立軸になっています。

＊3　公共政策

例えば、道路や港湾などの整備、医療や年金などの社会保障などを法律を制定して行政の事業として行う方法をいいます。「Ⅳ - 1」参照。

を行動原理としているために、これらの個別ニーズに的確に応えることは基本的に不得手であるといえます。

従来のように政府・行政組織に公共サービスすべてを委ねるという考え方では、これからの社会の公共性・公益性を豊かにしていくことは難しいといえます。

②私企業での公共性についての課題

生産の多くが営利を目的とする私企業に委《ゆだ》ねられている私たちの社会では、私企業の行動が社会の公共・公益に大きく影響します。私企業の利益至上主義による行動の結果、環境問題に見られるような社会の公益や福祉が大きく損なわれる状況が生じています。近年では原子力発電所の事故や食品の偽装問題、自社製品の欠陥隠しなど、社会の安全や信頼、消費者の利益を損なう出来事も起きています。

そのような中で、企業には社会の一員としての法令順守義務[*5]がよりいっそう厳しく問われています。また、社会的責任や社会貢献といった公共への積極的関与が求められています。近年、社会貢献に向けての企業行動を消費者の立場からだけでなく、投資家の立場から促すために社会的責任投資[*6]の考え方が注目されてきています。

さらに、行政や民間企業が対象としなかった分野で、公共的な財やサービスの提供をビジネスとして行うコミュニティ・ビジネス[*7]や社会起業家と呼ばれる人々の活動が注目を集めています。これらの活動は私企業ではあっても営利を最終目的とするのではなく、社会的使命の実現のため地域社会のニーズに対応したビジネスとして展開されています。公共性の高い分野への新たな民間からの参画といえます。

＊4　平等性・公平性
行政には対象者全員に同じものを提供することが求められるため、問題への対応が困難な場合があります。

＊5　法令順守義務
コンプライアンス(Compliance)の訳。近年は法令を守るという狭い意味から、倫理観のある行動という広い意味で使われています。

＊6　社会的責任投資
Social Responsibility Investment＝ＳＲＩの訳。環境や人権、地域貢献などの社会貢献の観点から優れた企業に投資すること。

【課題1】　民間企業は社会貢献を、どのような方法で、どのような団体・組織をパートナーとして行っているのでしょうか。具体的な事例を調べてみましょう。また、企業を一つ選び、社会貢献活動が公共性・公益性とどのようにつながっているかを具体的に発見してください。

③非営利セクターの登場

私たちの社会は、一般的に公共・公益性を目的にした政府・行政組織と営利を目的とした私企業によって構成されていると考えられていました。ところが、一九七〇年代のアメリカで「民間の非営利団体」による公共部門での財やサービスの提供が社会的に大きな役割を果たしていることが明らかにされました。これらの団体は、二つのセクター、政府・行政組織の政府セクター（第一セクター）や、民間の私企業セクター（第二セクター）と同等の社会的役割を果たすものとして非営利セクター（第三セクター[*8]、市民セクター、独立セクターなど）と呼ばれました。

非営利セクター[*9]と呼ばれる団体は多種多様ですが、次の五点[*10]がその特色です。

・組織の形態をもっていること。
・政府や行政組織の一部ではないこと。
・利益を内部の利害関係者で配分しないこと。
・自律的に運営されていること。
・公共の目的のために活動していると見なされ、税の一部、もしくはすべてを免

＊7　コミュニティ・ビジネス
『コミュニティ・ビジネス』（細内信孝著、中央大学出版部、一九九九年）、『社会起業家』（斎藤槙著、岩波書店、二〇〇四年）などを参照。

＊8　第三セクター
日本では行政と民間の共同出資の事業体をこう呼びましたが、ここではその意味とは異なります。

＊9　非営利セクター
「Ⅱ‐1」参照。

＊10　次の五点
レスター・サラモン教授の定義。『NPO最前線』（山内直人訳、岩波書店、一九九九年）参照。

除されている非課税団体であること。

非営利セクターに分類される組織には、従来からあった公益法人、社会福祉法人、学校法人、協同組合などの団体と、日本では新しく生まれた特定非営利活動法人（通称ではNPO法人[*11]）や法人格をもたない市民活動団体、ボランティア団体などがありますが、近年注目をされているのがNPO法人や市民活動団体です。これらの組織の多くは少数の専従職員以外はボランティアのスタッフ、すなわち社会的責任を自覚した個人で構成され、彼らの自発的・自律的な活動によって運営されています。

その活動は教育や文化、医療や福祉、国際交流や国際協力、コミュニティ開発、あるいは、環境・エコロジー、食品・農業・健康、平和・人権といった様々な分野に広がっています。これらの組織は、行政や私企業の対象となっていない公共・公益に関わる問題の解決のためにミッション[*12]（使命・任務）を掲げ、新たな公共・公益[*13]のための財やサービスの提供を担っています。

【課題2】 非営利セクター[*14]の特色を、いくつかの観点から第一、第二セクターと比較して図表にまとめましょう。三つのセクターは個々に特色をもち独立しながらも互いに重なり合う部分もあります。それらの関係を整理してみましょう。

④パブリックを支え、創り出す市民

私たちが社会に参画する方法はこれまでは職業を通じた活動と地域社会における

＊11 NPO法人
Nonprofit Organization、すなわち民間非営利組織（団体）のこと。日本では特定非営利活動促進法の制定により法人格が認められました。法人格のないNGO（民間非政府組織）とほぼ同義のこともあります。

＊12 ミッション
営利を目的とせず自発的に組織されたNPOでは特に重要です。組織の存在意義や求心力の源になります。

＊13 新たな公共・公益
例えば、私的な事柄とされてきた家庭内暴力や児童虐待に対する支援活動をNPOなどが担うことなどです。「Ⅳ-4」Column（現場の声）④参照。

自治会などの地縁組織のメンバーとしての活動がその主なものでした。職業人としてあるいは地域住民として、それぞれの組織の構成員としての社会的役割と責任を果たすことによって私たちは社会を支えてきました。それに対して、NPOなどによる社会参画は、自己の所属に規定されず自《みずか》らの意志と責任によって活動対象を選択し、行政に公共サービスを要求するだけではなく、自分の力で公共のサービスを創り出そうとする点で新しい可能性を広げています。

例えば、これまでの学校教育は公共性が高いということで、行政機関である教育委員会が責任をもち、実際の教育活動は公立学校であれば公務員である学校教職員によって担われてきました。その内容や方法には保護者を除けば学外の者が関わることはできませんでした。

ところが、この分野に市民が関与する動きが現れています。教科教育だけでは学ぶことのできない、社会のしくみや地域の文化、様々な専門領域について、その分野に明るい外部の市民が学校に招かれて、実際に授業や講演などを行っています。例えば、東京都の三鷹市立第四小学校では、地域住民がNPO法人「夢育支援ネットワーク」[*15]を組織し学校教育に参画するしくみがつくられています。

社会の合意形成と多元主義

①多数派をつくる（団体と政党のはたらき）

民主主義社会における合意形成では多数派となることが重要です。そのために共通の社会的要求を実現するために団体（利益団体）[*16]が組織され、政治家などに働き

＊14 非営利セクターの特色
『NPO基礎講座』（山岡義典編著、ぎょうせい、一九九七年）参照。

＊15「夢育支援ネットワーク」
三鷹市立第四小学校の教育にコミュニティ・ティーチャー（教育支援ボランティア）として参画する地域の人々の組織。二〇〇三年NPO法人となり三鷹市で幅広い活動を始めています。
詳細は、「Ⅲ‐3」のAction⑥参照。

＊16 利益団体
interest group。自分たちの利益を政治献金や選挙での集票などによって政治の場で実現をはかろうとす

かけを行います。利益団体の活動は公共の意思決定に関わるという点でその目的や方法には公益性が求められます。また、政治家も共通の目標、政策を実現するために政党[*17]を結成し、綱領や政策を明らかにし公約やマニフェスト[*18]を示して支持を訴えます。政党は公権力の行使に重要な役割を担う極めて公共性の高い組織です。

②メディア・リテラシーの課題

公共に関する事項の合意形成では世論が重要な役割を果たしますが、世論形成に大きく関わるのが新聞・放送などのマス・メディアです。マス・メディアは人々が公共に関する事項についての情報を得て、社会の問題を共有し、解決に向けて方法を考えるうえでの重要な情報源です。この意味からも、民主主義社会では[*19]情報へのアクセスの自由度を確保することは不可欠ですし、政府・行政機関の情報公開の重要性はいうまでもありませんが、世論形成に大きな影響力をもつマス・メディアのあり方についても公共性、公益性が損なわれることがないような報道が求められています。

③政策提言を行う第三者機関

公共・公益に関する問題について、政府や行政組織ではない立場から公共政策に関する研究や政策提言を行うのがシンクタンクと呼ばれる研究機関です。日本では営利企業が中心で、海外にあるような本格的な政策研究機関はほとんどないのが現状です。しかし、今後日本でも、より民主主義的な政策形成の観点からも、政府や

る団体をいいます。

＊17　政党
「Ⅲ-1（3）」参照。

政党に対して国は交付金を支給しています。国民一人二五〇円で二〇〇三年度の総額は約二九七億円です。交付金を受け取らない政党もあります。

＊18　マニフェスト
政党の統一した政権公約。数値目標や財源、達成期限、実行手順を明記している点が従来の選挙公約と異なります。

＊19　民主主義社会では～報道が求められています
「Ⅴ-1」の一七七ページ参照。

行政組織でないシンクタンクのような研究機関の研究や提言が活かされることが期待されています。

この政策提言活動を市民レベルで進めるのがアドボカシー[20]団体です。社会的な論点となっている問題に対して、政策の提言をするだけでなく具体的な行動をしながら活動する点がその特色です。市民の立場から社会的な合意形成、ルールの決定に関して自発的、能動的に参画するという点でもっとも市民的な活動といえます。

多様な価値観を認める多元主義[21]（プルーラリズム）を尊重する社会においては、アドボカシー団体にみられるような、市民レベルでの多様で積極的な参画が重要です。なぜなら、市民社会における合意形成とは、公共・公益のための共通のルールを決めると共に、特定の価値観に収斂《しゅうれん》されるのではなく、多様な価値観や生活様式を互いに認め合うという文化を創り出すことでもあるからです。

④社会参画と公的情報へのアクセシビリティ

このように社会の活動や社会における意思の決定である政策形成において、多くの人々が参加していくことは、民主主義社会が成熟していっていることの表れです。しかし、そのような参画が適正になされるには、公的な情報が積極的に公開され、市民をはじめとするアクターがその情報にアクセスでき入手できることが大切です。国や行政機関の作成した情報や保有する情報は、公共のものであるという観点が重要です。行政機関の保有する情報の公開に関する法律（情報公開法）の施行などで、公的情報が入手しやすくなってきていますが、さらなる改善が必要です。また、私

＊20　アドボカシー

アドボカシー（advocacy）とは、本来の意味は提唱・擁護ですが、最近では例えば地球温暖化防止などの特定のテーマについての積極的な政策提言や主張の意味で使われることがあります。

＊21　多元主義

多元主義は、pluralism（プルーラリズム）の訳。環境問題や生命倫理など対立するテーマについて、あえて合意を求めず複数の立場があることを認める考え方をいいます。

企業のもつ情報の中にも、安全性や環境に与える影響に関する事項など公共性の高いものも少なくありません。[*22] 私たち市民の側も、行政や企業などに働きかけ、情報公開が進むよう努力することが必要です。

【課題3】　意見が対立している社会的テーマを一つ取り上げ、それに関するアドボカシー団体の主張や政策提言、活動の実際について調べてみましょう。例えば、死刑制度や脳死臓器移植などの対立[*23]テーマについてその論点を整理し、合意形成のあり方を考えてみましょう。

【課題4】　本節においては、社会に参画する様々なアクターについて述べましたが、すべてのアクターについて言及できませんでした。労働組合や国際機関、NGOなどの他のアクターについても考えてみましょう。また、個人である市民が有する様々なアクターとしての側面についても考えてみましょう。

＊22　私たち市民の側も〜努力することが必要です

アメリカにあるNPO「国家安全保障文書館（NSA）」は、行政情報を市民が利用しやすいように整理・分析するほか、市民の立場から情報自由法（FOIA）を駆使して政府にさらなる情報公開を迫り、その成果を広く市民に提供しています。

『未来をつくる図書館―ニューヨークからの報告―』（菅谷明子著、岩波新書、二〇〇三年）参照。

＊23　対立テーマ

『公共哲学とは何か』（山脇直司著、岩波書店、二〇〇四年）参照。

地域住民（NPO法人）による学校教育への参加

近年、学校が地域社会にひらかれ、地域住民が学校教育の現場でアクターとして活動する機会が増えています。

ホームページなどで身近にある学校について調べて、可能であれば参加してみるとよいでしょう。ここでは東京都三鷹市立第四小学校での取り組みを紹介します。

東京都三鷹市立第四小学校では、授業支援をNPO法人「夢育支援ネットワーク」[*1]に依頼しています。地域の人々がそれぞれの特技を活かして、学校教育の場に参加する組織です。

参加の方法には次の三つがあります。

・CT（コミュニティ・ティーチャー）

知識・経験・特技を活かして授業を行います。

・SA（スタディ・アドバイザー）

学校の授業に参加して、教員の手伝いをします。

・きらめきクラブ

校庭・体育館・空き教室を使って、子どもたちにスポーツや文化を伝えます。

なかでも、CTには、専門的な知識や技能をもった地域の人が多数登録していて、総合的な学習の時間をはじめ、様々な授業に講師として参加しています。

また、本校で平成一四年度より実践しているアントレプレナーシップ教育[*2]（起業教育）に、「四小カンパニー」という単元があります。

その教育は、起業家をモデルに、社会体験活動を通して、挑戦する心や自立心を育てる教育のことです。ここでは、具体的には、校庭で拾った銀杏《ぎんなん》の販売収益を元手に、手づくり商品会社を設立し、商品開発や市場調査、販売、決算までを行い、社会との関わりを実感させようとしています。この単元開発にあたっては、会社勤めやビジネスの経験のない教員だけではできないと考え、企業人や大学講師、青年会議所のメンバーなど十数名のCTと打ち合わせをしながら授業プランづくりをしました。

CTは授業にゲストとして参加するだけでなく、授業づくりの過程から参画しているのです。教員の主な役目は、総合的な学習の時間の趣旨や授業のねらい、児童の実態について説明し、CTとの役割分担や連絡調整などのコーディネートを行い、授業の進行役を務めることです。

授業では、各社（児童約一〇名）に一人ずつ経営コンサルタントを置きます。

例えば、児童が設定した価格についてプレゼンテーションすると、CTが市場調査の結果をもとに価格を見直すようアドバイスを行います。商品開発では、ものづくりにたけた地域の方に、市場調査ではIT技術者に、販売では銀行や商店街の方にと児童は多くの社会人から学ぶことができ真剣そのものです。参画されたCTの方から「やり甲斐《がい》があったので、次年度も是非」との声があり、只今、継続・発展中です。

＊1 「夢育支援ネットワーク」

「Ⅲ-3」の九一ページ参照。

＊2 アントレプレナーシップ教育

起業家をモデルに、社会体験活動を通して、挑戦する心や自立心を育てる教育のことです。

NPO法人アントレプレナーシップ開発センター

(http://www.entreplanet.org/)

【参考文献】

・『子どもの夢を育むコミュニティースクール』貝ノ瀬滋編著、教育出版、二〇〇三年

・『子ども・学校・地域をつなぐコミュニティスクール』奥村俊子、貝ノ瀬滋著、学事出版、二〇〇三年

【写真上】
「四小カンパニー」
商品開発研修会の場面。

【写真下】
「四小産の銀杏を販売しよう」
模擬店で質問を受けている場面。

政治家や政党の活動を調べてみよう

選挙で投票することは、民主主義社会における政治参加の初めの一歩であり、最も基本的な働きかけです。最近は、インターネットの定着と、政治の側からの発信により、大切な選択に役立つ材料が増えています。

国会議員がどのような活動をしているのか。衆・参両議院のホームページでは、各議員が所属する委員会がわかるうえ、会議での発言内容を知ることができます。また、ほとんどの議員が個人のホームページを開設しているので考え方を知ることができます。興味をもった法案への各議員の賛否をチェックするのもよいでしょう。

政党については、マニフェスト（政権公約。Ⅳ-2の一一五ページ参照）が役立ちます。二〇〇四年一一月の総選挙を機に、各政党が発表するようになりました。

国政選挙がある時には、「有権者との契約書」でもあるマニフェストを通じて、各党がどのような政策をどういう方向で実現しようとしているかについて、調べたいものです。説得力があるかどうか、共感するかどうか。政党側も力を入れて作成するため分量もあるのですが、じっくり読み込む価値があります。

マニフェストは、政党の支部や選挙事務所で入手できます。政党のホームページにも掲載されています。二〇〇四年七月の参議院選挙では、自民、公明の両与党が前年の政権公約をどのくらい実行しているかが焦点となりました。政権政党を支持するかどうかの見極めには、特に効果を発揮します。

地方政治においても、マニフェストの活用が広がっています。特に注目すべきことは、教育や環境問題など、暮らしに関《かか》わる具体的な要望を、候補者のマニフェストに盛り込ませようとする動きです。進み具合が思わしくない場合は、「マニフェストに書いてある」ことを理由に、実現を迫ることができるからです。

「官から民へ」という方向性が政治に定着するなか、公共政策に市民が参加する機会が増えつつあります。長野県泰阜《やすおか》村などでは、用途を限定した寄付を受け付けて施策の財源にあてています。税金の一部の使いみちを市民が決める制度も埼玉県志木《しき》市などで検討されています。

政治を敬遠せずに、情報に目をこらし、できれば自分なりの方法でその中に加わっていきたいものです。市政モニターに応募したり、意見を寄せたりすることもよいでしょう。選挙の時には演説会に出かけてみてください。「参加」は民主主義のキーワードなのですから。

▶Action―――⑧

新聞社に意見を送ってみよう／自分で取材してみよう

毎朝届けられる新聞のページ数は、会社によって違いはありますが、だいたい四〇ページ。政治や経済の最新の動きや、世界各地の出来事を知ることができます。食べ物に関する報告や医療など、暮らしに役立つ記事もあります。その情報量は、文庫本一冊に相当するほどです。

新聞には記事の他に、読者の意見も紹介されています。「オピニオン」や「投書」のページを開いてみましょう。そこには身近に起きたことや特別な思い出などを題材に、いろいろな人が意見を述べ合っています。読んでみると、誰《だれ》かのお母さんであったり、商店街のおじさんだったり。

誰でも自由に、自分の考えを述べることができます。実際に紙面で紹介されるかどうかは新聞社の判断ですが、一番大切なのは「大勢の人に伝えたい！」という気持ちです。記事の感想を送ってみてもいいでしょう。ちゃんと記事を書いた記者に届けてくれます。

それぞれの分野の専門家が登場して、報道されている問題について、分析や提案を行う「論文」も、新聞には載っています。続けて読んでいると、問題の多くには賛成と反対があり、それぞれに「言い分」があることがわかります。覚えておきたいことは、新聞は決して一方通行ではなく、読者が「参加」し、専門家が「議論」する場にもなっているということです。

興味があることについては、記者のように取材をしてみましょう。取材の第一歩は、情報を集めること。本を読んだり資料を集めたりして自分なりに勉強したら、電話帳やインターネットで取材先の連絡先を調べましょう。ここで何よりも大切なことは、「どうして話を聞きたいのか」ということを、しっかり相手の人に伝えることです。実際に会いに行く場合は、質問をいくつか用意し、忘れないようにノートに書いて出かけましょう。

取材といっても、何も難しく考える必要はありません。市町村から配られる「広報」で紹介されている講演会や勉強会に出席して、内容をメモし、自分なりの質問をぶつけることも取材のひとつです。また、地域で高齢者や障害者の手助けをしているグループを見つけ、お手伝いを兼ねて訪ねてみる方法もあります。

取材後に、その成果をインターネット上で自分なりに発信してみましょう。読んでくれた人たちの反応から、いろいろと学べるはずです。「知りたい」「学びたい」、そして「伝えたい」という熱意は、必ず通じるものです。

Ⅳ．私、市民、共同体との間での「つながり」を考えよう

Point

ここでは、私たちが市民として、共同体や社会、国とどのような「つながり」をもっているかについて、具体的に考えていきましょう。

Ⅳ-❶ 税金から考えよう（経済や財政システム）

ここでは、主に税金のしくみを通して、市民と経済や財政のシステム、そして政府・行政との「つながり」について考えていきましょう。

政府が組織される理由

あなたも聴いたことがあるでしょう。ジョン・レノン「イマジン」[*1]の各節の冒頭の一節です。

imagine there's no heaven…
imagine there's no countries…
imagine no possessions…

本来人間は人間で、まずはありのままの自分が今ここにある。宗教や国家、財産は人間がいなければ生まれてはきませんでした。それらは人間が人間のためにつくりだしたものであって、人間がそれらに振り回されてはいけません。宗教や国家の名において人間が殺し合うようなことがあってはいけないのです。

では、なぜ私たちは政府（国家）をつくったのでしょうか。私たちは一人では生きていけないからです。私たちの生命や財産を自分で守ることは大変なこと。そしてそこに「私（プライベート）」と「公（パブリック）」の概念が生まれたのです。パ

*1　イマジン
IMAGINE
Words & Music by John Lennon
©LENONO MUSIC
Permission granted by EMI Music Publishing Japan Ltd.
Authorized for sale only in Japan

ブリックというのは、私たちがプライベートな個人の生活を安心して楽しむためにメンバー間で取り決めた共通のルールが支配する領域とでもいえるでしょう。

公共部門の機能は[*2]、それに変化が起きてきていますが、現代は主に政府が担っています。政府の役割の中心的なものは、公共財[*3]の供給です。例えば、警察などの公安関係のサービスや道路、港湾などを整備することは、その恩恵が広く多数の人々に行き渡るため、受益者を特定することができません。利益を受ける人を特定し、その人から料金を徴収することはほとんど不可能です。これらのサービスでは費用を回収することができないので、民間企業は手を出しません。このような財やサービスを公共財と呼び、主なものは防衛、法と秩序、財産保護、公衆保健などです。また、福祉や医療、教育サービスなど、採算がとれなくても私たちの暮らしに欠かせないものがあります。これらは、ナショナル・ミニマム[*4]、シビル・ミニマムという考え方、つまり日々の暮らしの中で必要最低限のサービスは保障されなければならない、という考え方に基づいて提供されるサービスです。

このような財やサービスの供給が政府の活動の中心ですが、この他外部性[*5]への対応、独占規制[*6]、不完全情報[*7]の克服なども政府の仕事として位置づけられています。

納税の義務（なぜ私たちは税金を納めるのか？）

さて、「Ⅲ - 2」の中で「メンバー間で取り決めた共通のルール」について触れましたが、日本においてそのルールの基本を定めたものが「憲法」です。そして憲法では、政府の活動資金を調達するため、税金を納めること（納税）を国民の義務と

＊2　公共部門の機能は〜政府が担っています
「Ⅲ - 3」の八七ページ参照。

＊3　公共財
その便益を特定の者だけに限定できないような財やサービス。この場合、誰《だれ》もその費用を負担しようとしないため、市場では財の供給がなされず、代わりに公共部門が供給しなければなりません。例えば防衛や警察などがこれにあたります。

＊4　ナショナル・ミニマム、シビル・ミニマム
ナショナル・ミニマムは国家が国民に保障すべき最低限度の生活水準を指し、シビル・ミニマムは各々の地域における住民生活の最

定めています。[*8]納税の義務は、勤労の義務、教育を受けさせる義務とならんで国民の三大義務の一つとされています。

また、税金は国民に負担を求めるものですから、[*9]税金に関することは国民の代表が集まる国会において法律によって定められなければならないようになっています。

このように私たちは納税の義務を負うのですが、その前に、私たちの支払う税金がどのようなところへ、どのようなかたちで使われるのか、こうしたことを私たちは十分に知らされていなければなりません。昔の話ですが、民を治めるにおいて、「由（よ）らしむべし、知らしむべからず」（民には情報を与えず、官に依存させておく）という言葉がありました。しかし、これでは私たち納税者は納得できません。

行政は、税金の使いみちについて情報を公開するとともに、なぜ税金がこの事業に使われるのか、税金を使った結果としてどのような効果があったのかなどを納税者にわかりやすく説明する責務がますます求められてきています。

税金のしくみ

日本には様々な税金があります。所得税、消費税、相続税、たばこ税、自動車税、固定資産税、入湯税……。以下では、日本の税金を、「どこに納めるのか」という観点と「何に課税されるのか」という観点から分類してみましょう。

まず、税金には、国に納める国税と、地方公共団体に納める地方税があります。なお地方税は、道府県税と市町村税とに分かれます（[*10]東京都は道府県税と市町村税の一部を課税しています）。

低限度の生活水準を指します。ナショナル・ミニマムの確保について、行政改革委員会は「行政関与の在り方に関する基準」（一九九六年）の中で、日本国憲法第二五条の定める「健康で文化的な最低限度の生活」を営むために真に必要がある場合に限る、としています。

＊5　外部性への対応

ある経済主体の活動が、金銭のやりとりを行うことなく（つまり市場を経由することなく）、他の経済主体の状態に影響を及ぼすことを外部効果といいます。また、好ましい影響を及ぼす場合を外部経済効果、好ましくない影響を及ぼす場合を外部不経済効果といいます。一般的に、外部経済効果の

ところで、税金を課す時、負担能力に応じて課税する考え方と、サービスの受益に応じて課税する考え方があります。ごみの収集、医療などの地方の公共サービスの対価として地方税を位置づけると、所得などの負担能力に関係なく、公共[*11]サービスの受益に応じて地方税を支払うべきということになります。

次は「何に課税されるのか」による分類です。これは大きく分けて、所得に課税するもの、消費に課税するもの、資産に課税するものがあります。所得税や法人税のように、給料や会社の利益などに課税される税金が所得課税、消費税や酒税などの物やサービスを購入する際に課税される税金が消費課税、相続税や固定資産税など資産を対象として課税される税金が資産課税です。

例として教育、外部不経済効果の例として公害が挙げられます。この場合、外部効果を取引する市場が存在しないので、公共部門が関与して、社会的な便益やコストが適正に反映されるようなしくみをつくることが必要になります。

表1　国税・地方税の税目

	国税	地方税
所得課税	所得税 法人税	個人住民税 個人事業税 法人住民税 法人事業税 道府県民税利子割
消費課税	消費税 酒税 たばこ税 たばこ特別税 揮発油税 航空機燃料税 石油ガス税 石油石炭税 自動車重量税 関税 とん税 地方道路税 特別とん税 電源開発促進税	地方消費税 地方たばこ税 軽油取引税 自動車取引税 ゴルフ場利用税 入湯税 自動車税 軽自動車税 鉱産税 狩猟者登録税 入猟税 鉱区税
資産課税など	相続税・贈与税 地価税 登録免許税 印紙税	不動産取得税 固定資産税 都市計画税 事業所税 特別土地保有税 など

今まで述べた分類によって税金を整理すると表1のようになります。

さて、税金を納める方法は、税金の種類によって違います。ここでは、所得税と消費税について説明しておきましょう。

所得税は、個人が一年間に得た総所得金額から、その人の事情に応じた各種の所得控除額を差し引いた所得（課税所得金額）に一定の税率をかけて支払います。税率は、表2のように、所得が多くなるほど段階的に高くなっており（累進税率）、支払い能力に応じて税金を負担するしくみになっています。

なお、サラリーマンやOLのように会社に勤めている人は、勤務先の会社が給料からあらかじめ所得税を徴収し、本人に代わって納税します（源泉徴収）。また自営業の人は、自分で所得と税額を計算し、税務署に申告して納税します（確定申告）。

次に消費税は、国内で行われる取引にかかる税金で、製造業、卸売業《おろしうり》、小売業、サービス業などの事業者が納めます。ただしそれぞれの取引の段階で、支払われるべき消費税分が商品やサービスの価格に織りこまれて転嫁されるため、最終的には消費者が負担することになります。

以上、日本の税金について説明してきましたが、さて国に入る税金の額はいくらで、どの税金が多いのでしょうか。国の予算（一般会計）[*12]を見てみましょう。

二〇〇四年度予算では「租税及び印紙収入」として四一兆七四七〇億円を見込んでいます。税収として一番多いのが所得税で一三兆七七八〇億円、次いで消費税九兆五六三〇億円、法人税九兆四〇七〇億円の順となっており、この三税で税収全体の約八割を占めています。

＊6　独占規制

設備面でのスケールメリットが顕著であり、独占的供給によることが効率的なものについて、適正な価格形成を図る観点から公共関与が必要です。

＊7　不完全情報の克服

市場メカニズムは、マーケット参加者間における情報の完全性を前提にして効率的に機能しますが、この情報の完全性が期待できない場合には、公共部門が適正な介入を行う必要があります。

＊8　納税の義務

この納税の義務については、日本国憲法第三〇条において「国民は、法律の定めるところにより、納税の

財政の構造

国の予算は収入（歳入）と支出（歳出）に分かれます。

二〇〇四年度の歳入については、前節で述べた通り「税金」が四一・七兆円です。この他に国有財産の売却など「その他収入」が三・八兆円。後述しますが歳出は八二・一兆円もあるので、残りは借金（「国債」）に頼らなければなりません。全体の約四五％にあたる三六・六兆円の国債を発行して資金を調達しているのです。全体の収入のうち税収はわずかに五割。日本の財政は、給料（税収）が少ないのに支出（歳出）をカットしないで、借金（国債発行）をしながらかろうじて生活している家計に例えられるでしょう。

一方、二〇〇四年度の歳出は総額八二・一兆円。その使いみちは大きく三つに分かれます。過去の借金の元利払いにあてられる「国債費」に一七・六兆円。次に地方公共団体に渡される「地方交付税交付金」が一六・五兆円。歳出総額から、この国債費や地方交付税交付金を差し引いた残り四八兆円が「一般歳出」などで、国のいろいろな施策を実施するために使われます。参考までに、二〇〇四年度の国の一般会計予算の概要を表3で示しておきます。

次に、歳出の内訳を見ていきましょう。

長年にわたる大量の国債発行などにより国の長期債務残高はどんどん増加し、二〇〇四年度末には五四八兆円に達します。国債費は国債の利払いや元本償還《しょうかん》にあ

	予算額	構成比
歳入計	821,109億円	100%
租税及び印紙収入	417,470億円	50.8%
その他の収入	37,739億円	4.6%
公債金収入	365,900億円	44.6%
歳出計	821,109億円	100%
国債費	175,686億円	21.4%
地方交付税交付金等	164,935億円	20.1%
一般歳出等	480,489億円	58.5%

表3　2004年度一般会計予算の概要

課税所得金額	税率
330万円以下	10%
330万円超〜900万円以下	20%
900万円超〜1,800万円以下	30%
1,800万円超	37%

表2　所得税の税率

てられる費用ですが、巨額の債務残高を反映して、歳出に占める国債費の割合は二一・四%になっています。このため、国の政策的な経費である一般歳出の割合が低下し、財政の対応力が失われつつあります。

地方交付税交付金とは地方に配分するお金のことです。各地方公共団体はその地域の経済状況などによって税収の額が相当違います。他方、どの地域に住んでいても、教育や医療などの基本的な公共サービスにおいて大きな格差があってはいけないという考えに基づき、国が地方の財政力の差をなくすために資金を渡しています。

一般歳出とは、国が行う様々な活動にあてる経費で、社会保障関係費、公共事業関係費、文教及び科学振興費が二〇〇四年度の一般歳出の約七割を占めています。

社会保障関係費は一九兆七九七〇億円で最大の支出項目です。その内容は、医療費の負担や年金を支払うための社会保険費、生活に困っている人を助けるための生活保護費、高齢者や身障者などの生活を助けるための社会福祉費、失業した人の生活を助けるための失業対策費、病気の予防や救急医療のための保健衛生対策費です。

さて、日本は現在急速に高齢化が進んでいる一方で、出生率の低下による少子化が進行しています。このため二一世紀の半ばには、国民の三人に一人が六五歳以上の高齢者という超高齢社会が到来します。高齢化社会では年金や医療の負担が上昇するため、今の社会保障制度のままで持続可能なのかという指摘がなされています。

公共事業関係費は七兆八一五九億円で、道路、港湾、住宅、公園、下水道など私たちの生活に欠かせない社会基盤を整備するための経費です。その内容は、道路を作るための道路整備事業費、住宅などを建設するための住宅都市環境整備事業費、

義務を負ふ」と定められています。

＊9　税金に関することは～定められなければならないようになっています

日本国憲法では「あらたに租税を課し、又は現行の租税を変更するには、法律又は法律の定める条件によることを必要とする」(第八四条)と定められています。

＊10　東京都は～一部を課税しています

東京都は道府県税に相当する税を、特別区は市町村税に課税していますが、市町村税に相当する税でも、法人市町村民税、固定資産税、事務所税は東京都が課税しています。

下水道や公園などを作る下水道水道廃棄物処理など施設整備費、水害などを防ぐ工事のための治山治水対策事業費、農地や農道の改良などのための農業農村整備事業費、港や空港などの整備のための港湾空港鉄道など整備事業費、森林の保全や環境整備のための森林水産基盤整備事業費などです。

日本の社会資本は欧米諸国に比べ立ち遅れているとの指摘がなされてきましたが、今まで高い水準の投資が維持されてきた結果、その整備水準は急速に上昇していま

表4　汚水処理施設整備率の国際比較

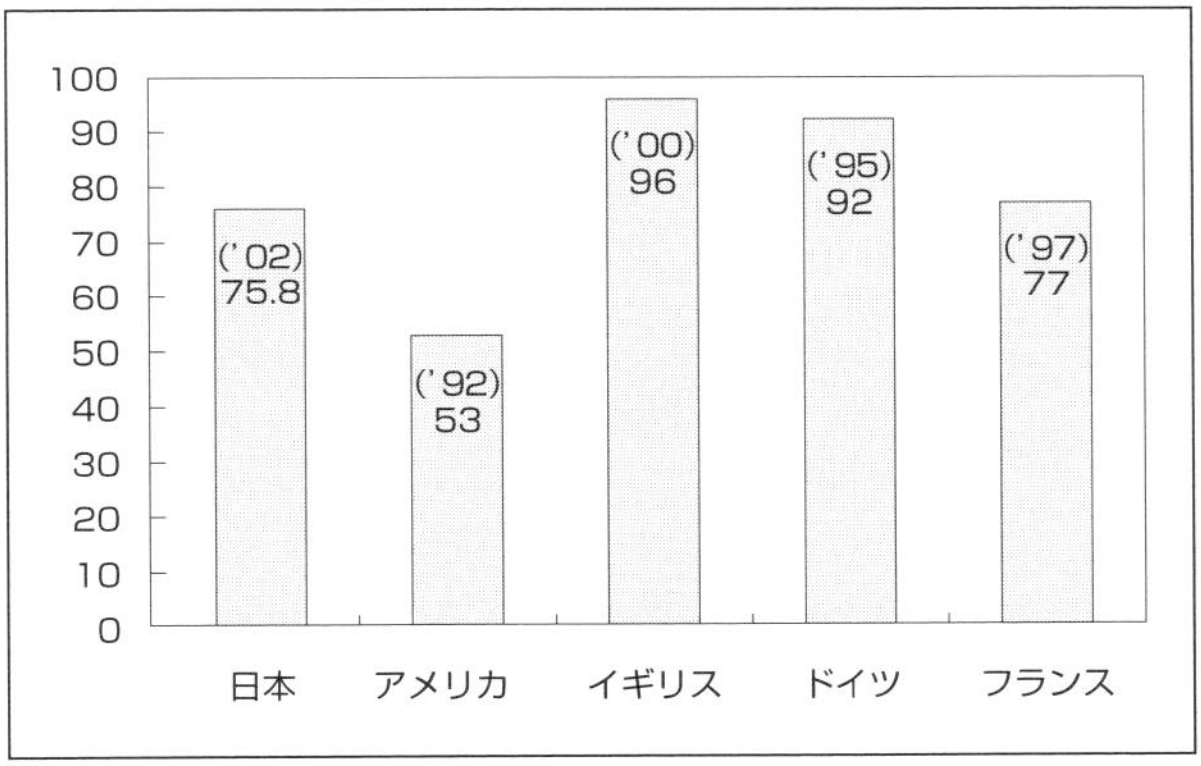

（注）日本の整備率は、汚水処理施設（下水道、農業集落排水施設など、合併処理浄化槽、コミュニティ・プラント）による整備人口の総人口に対する割合であり、諸外国は公的下水道に接続されているもののうち、公的処理がされている人口の割合。

＊11　公共サービスの～地方税を支払うべきということになります

例えば、地方税である固定資産税はその地域に固定資産がある限り、その地方公共団体から何らかの公共サービスを受けているとの考えから課税されています。なお、「地方公共団体の仕事はサービス産業だ」という人もいます。

＊12　一般会計

国の一般の歳入歳出を経理する会計で、税金などを財源として、社会保障、教育など国の基本的経費をまかなうものです。例外として、一般会計と区分して経理する必要がある場合には、特別会計を設置することが

す。（表4）

文教及び科学振興費は六兆一三三〇億円で、学校教育のための支出や、宇宙開発・海洋開発などの科学技術のための科学技術振興費などにあてられます。この中で最大の支出項目は、公立小中学校教員の給与などの二分の一を国が負担する義務教育費国庫負担金二兆五一二八億円です。

以上の他にも、防衛、恩給、経済協力、食料安定供給、エネルギー対策、中小企業対策など私たちの生活のために、様々なところで税金は使われているのです。

なお、国の予算の編成、審議、執行の過程（通常の場合）について簡単に述べておきます。国の予算編成は財務省が中心に行っており、一二月下旬予算案を閣議で決定し「政府案」として国会に提出します。そして毎年一月に召集される通常国会で衆議院予算委員会、衆議院本会議、参議院予算委員会、参議院本会議の順で審議され、国会の議決を得て本予算が成立するのです。こうして国の会計年度が始まる四月から予算が執行されていきます。

財政の現状と課題

今まで財政の概要について述べてきましたが、日本の財政が抱える大きな問題は財政の赤字です。先に述べたように、二〇〇四年度予算では、国の支出をまかなうための自前の収入である税金はわずかに五割、残りの約四五％が国債という借金に依存しているのです。こうして借金に借金を重ねてきた結果、国債残高は増大し、国および地方の債務残高の対GDP[*13]比（二〇〇四年）で比較すると、日本は一六三・

認められています。

＊13　GDP（国内総生産）
国内における経済活動の結果生み出される付加価値の総計をいいます。

四％、アメリカは六四・一％、イギリスは五二・七％、ドイツは六六・九％、フランスは七四・三％と、今や日本の財政状況は主要先進国中最悪です。（表５）

さらに心配されるのは、国債残高（二〇〇四年度末四八〇兆円）が将来も増加し続けることです。年度末の国債残高はこのままいけば、二〇〇五年度に五〇〇兆円、二〇〇八年度に六〇〇兆円、二〇一一年度に七〇〇兆円、二〇一四年度に八〇〇兆円、二〇一七年度に九〇〇兆円を突破します（財務省「国債整理基金の資金繰り状況などについての仮定計算」）。今の日本の名目ＧＤＰは約五〇〇兆円ですから、この国債残高の重圧はすさまじいものです。財政再建に一刻の猶予《ゆうよ》も許されません。

ところで、財政赤字の何が問題なのでしょうか。

まずは財政の硬直化です。国の政策的な経費である一般歳出は、非常に窮屈な財政運営を強いられています。これでは大きな災害や不測の事態が生じた場合に、国は機動的・弾力的な対応を取るのが困難となります。

次に、年金などの国の制度に対する国民の信頼低下を招くことは避けられないのです。これだけの借金を抱えて国の制度がいつまでも大丈夫だとは誰《だれ》も考えないでしょう。国民が将来への不安から消費を控えたら、景気への悪影響も心配されます。

また、国債と民間資金との競合によって金利が上昇し、民間投資が資金市場から押し出されること（クラウディング・アウト）も考えられます。金利上昇が日本経済に与える影響は深刻なのです。さらに、国債は将来の世代に負担を残すため、世代間の不公平が拡大すると考えられます。このように財政赤字の累増は、活力ある経済・社会の実現の大きな足かせになるといわれています。[*14]

＊14　このように財政赤字の累増は～大きな足かせになるといわれています

『公会計革命　「国ナビ」が変える日本の財務戦略』（桜内文城著、講談社現代新書、二〇〇四年）、『公会計国家の意志決定とガバナンス』（桜内文城著、ＮＴＴ出版、二〇〇四年）参照。

また、桜内研究室のホームページ（http://homepage3.nifty.com/sakurauchi/）参照。

ところで、財政赤字を縮小するためには、歳出カットか増税しかありません。政府の規模を示す一般政府[*15]総支出の対GDP比（二〇〇三年）を見ると、日本は三七・七％、アメリカは三五・七％、イギリスは四二・六％、ドイツは四八・九％、フランスは五四・五％と、日本は小さいほうで、今後とも歳出削減に取り組んでいくにしても、これには限界があることがわかります。

他方、国民負担率[*16]（日本は二〇〇四年度、その他は二〇〇一年）を見ると、日本は三五・五％（うち租税負担率二一・一％）、アメリカは三五・二％（二六・四％）、イギリスは五〇・二％（四〇・三％）、ドイツは五五・三％（三〇・一％）、フランスは六三・九％（三九・一％）と、日本は公的負担が低く、特に租税負担は主要先進国中で最低なのです。これは現在の世代が受益に応じた負担を行わず、財政赤字というかたちでその負担を将来世代へ先送りしているためです。こうした事情をよく考えて私たちは財政再建を真剣に考えなければなりません。

以上、国の財政のしくみについて述べてきました。「財政」や「税金」と聞いて、今までは他人事だと思った人もいたでしょうが、財政は、私たちの生活を支える大きな役割を果たしていることがわかったと思います。そして、私たちがそれらの問題についてキチンと考え、動いていかないと、結局は自分にツケが回ってくることになります。私たちは、財政の問題について、けっして無関心ではいられないのです。

＊15　一般政府
政府や政府の代行的性格の強いものを指します。中央政府（国の一般会計など）、地方政府（地方の普通会計など）、社会保障基金（厚生保険特別会計など）の三つからなり、独立の運営主体となっている公的企業は含まれません。

＊16　国民負担率
国民所得に対する租税負担と社会保障負担の割合の合計を国民負担率と呼びます。

表5　国・地方の債務残高の国際比較

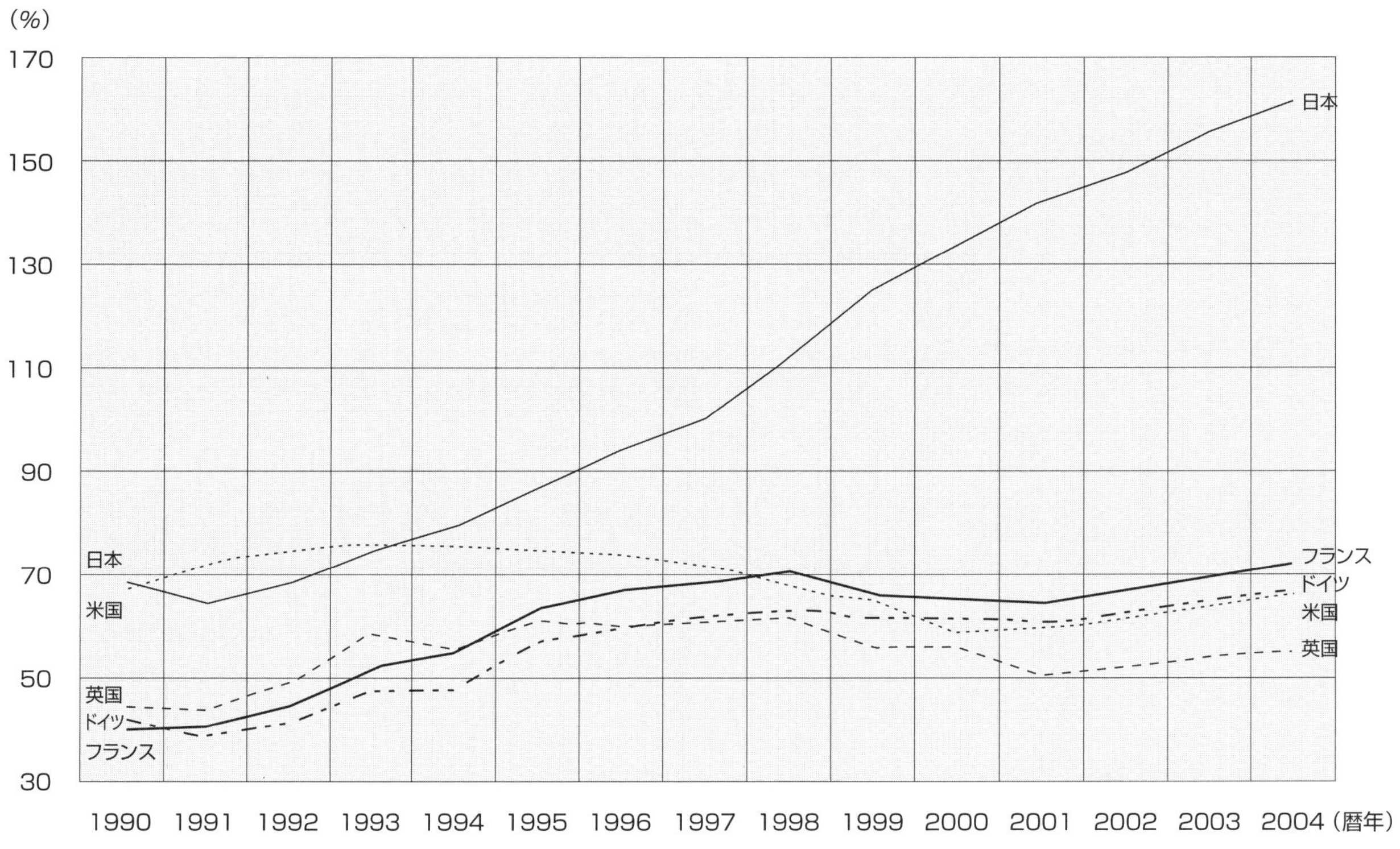

税に関《かか》わる人々

①勝浦信幸さん
（埼玉県鶴ヶ島市健康福祉部社会福祉課課長）

②柏木浩朗さん
（三重地方税管理回収機構徴収課課長）

①税を使う行政関係者の声

現在の予算は、各部局が前年度予算を踏襲した事業ごとの要求と新規／廃止事業を積み上げ、財政担当部局が調整することにより編成されます。政治の判断が反映されにくく、従来の枠組みを大きく変えない予算になりがちです。「全部局一律で前年度比○%削減」といった方針が出されるため、辻褄《つじつま》合わせが目的となり、制度改正や重点施策が考慮されず、政策と予算が乖離《かいり》してしまいます。

限られた予算を効率的に使うことは現場の職員も常に意識すべきです。難しいのは受益と負担の関係をどう考えるかということです。政策評価をきちんと行い、効果の低い事業を廃止することも必要です。

地方分権改革が進むと、地方自治体の責任や能力が厳しく問われます。これまでは国の補助制度通りに事業を行い、説明責任を放棄してきましたが、今後は職員個人の政策立案能力の向上や地方議会の機能充実が必要です。市民による政策評価を予算に反映させる制度や、納税者が政策を直接選択できる制度を導入するなど、情報開示と市民参加を徹底するしくみを検討すべきかもしれません。

②税を集める人の声

地方税管理回収機構は、市町村税の滞納整理を行う専門機関です。市町村から単独処理困難な滞納事案を引受け、差押・公売などの滞納処分を前提に迅速な滞納整理を行います。年々増加する市町村税の滞納を放置するとまじめな納税者の不公平感が増大し、地方行政への信頼を損ねるため、法律に基づく滞納整理により、公平性の確保に努めています。

滞納の中には、行政への不満が滞納原因になっていることがあります。税は社会のルールであり、行政サービスの基幹財源です。行政不満に対して税の滞納を対抗手段とするのでは秩序が保てませんから、納付してもらえるよう強く理解を求めていきます。一方で行政側でも情報公開や広聴機能を充実させることが必要だと感じます。

今後は自分たちの財布で地域経営ができる制度を望みます。税を払うこととサービスを受けることがもっと身近になるシステムを議論していくことが、地域の自立につながると考えます。

Ⅳ-❷ 選挙から考えよう（政治システム）

ここでは、主に選挙のしくみを通して、市民と政治のシステムとの「つながり」について考えていきましょう。

●投票へ行こう——選挙って何だ！

民主主義とは、国民が主権者であることを大前提としています。日本国憲法の前文にも、「ここに主権が国民に存することを宣言し、……」と規定されています。ここまでは、ある程度、基本的な知識であって、理解可能なものです。

「選挙だから、投票へ行こう……」と、投票日に、選挙管理委員会の広報車が、スピーカーを通して、呼びかけます。しかし、「史上最低の三十数％の投票率でした」と、テレビでニュース・キャスターが報じるような結果に終わってしまいます。

選挙とは、国民であり有権者たる私たち一人ひとりが、自分たちの代表者もしくは代理人を選ぶ行為であり、〝一〇分間の民主主義の実践（行為）〟と定義することができます。一〇分間とは、最寄りの小学校や公民館などの投票所への歩く時間であり、その程度ですむのですから、最低限度、投票に行かなくてはならない。投票率は、高いほうがよいにきまっているのですから。

投票率（あなたの大切な一票）

投票率[*1]は、試験の点数という意味で、もちろん高い方がよいでしょう。しかし、誰《だれ》に投票したかという秘密が守られなかったり、強制的なものは、民主主義のルールから逸脱しています。かつて、景品つきの投票がありましたが、これも褒《ほ》められません。しかし、最近の国政選挙の補欠選挙や知事選、市長選（各政党が相乗りなどで、無風選挙となる場合は特に……）などでは、三〇％台の投票率はザラであり、二〇％台の投票率も、〝史上最低の投票率〟として、くり返されます。投票率が五〇％を切るのは、問題です。有権者の二人に一人が棄権したということなのです。投票率が三〇％だと三人に一人しか投票に行っていません。二〇％台だと、四人に一人ということになります。

投票率が低いと何が問題なのでしょうか。なぜなら、候補者の個人後援会、労働組合、宗教団体、各種団体といった、組織をもっているグループが当落を左右し、簡単に当選者を決められることになるからです。

選挙とは、公正かつオープンに行われ、一人ひとりの有権者が自分の意志と責任で、一票を行使するものです。それゆえ、組織にしばられない無党派の有権者の一票が大切になるのです。

〝代議士は、国民の代表である〟

イギリスの学者で国会議員でもあったE・バークの言葉に、「代議士は、選挙区の

＊1（国政選挙での）投票率

衆議院議員総選挙では最高が一九五八年五月（第二八回）の七六・九九％、最低が一九九六年一〇月（第四一回）の五九・六五％です。参議院議員選挙は、最高が、衆議院議員総選挙との同日選挙となった一九八〇年六月（第一二回）の七四・五四％。最低が一九九五年七月（第一七回）の四四・五二％です。

代表でなく、国民の代表である」という有名な一節があります。選挙に勝つためには選挙区有権者への利益誘導が必勝法の大原則ともいわれています。しかしながら、それは、地方議員の役割であり、国会議員は、国全体を総合して考えなくてはならないのは当然のはずです。しかし、小選挙区の英国では、一八〜一九世紀において、選挙区への利益誘導は当たり前のことでした。日本でも保守系有力代議士に見られるように、不動の団結力を誇る後援会は、利益誘導との合体です。

政策・人物・政党

それでは、有権者は何を基準に、自分の一票を投じるのでしょうか。日本では伝統的に、地縁、血縁が優先されてきました。知っている人、つまり〝仲間意識〟です。同窓生であり、同郷であり、〈オラが村の代表〉なのです。

しかし、今では大都市など、農山村地域を除いて、無党派が自立した一票を投じるようになりました。恐らく、この四半世紀であり、一九八〇年代以降だと思います。今日では、政策が主たる争点になり、その結果、政党が比重を高めています。一人ひとりの候補者＝人物評価も大きいのですが、米国や欧州並みに、政策・政党のもつ重要性が増しています。

マニフェスト（政権公約）

イギリスで始まったマニフェスト[*2]（政権公約）が、二〇〇三年秋の日本の衆議院議員総選挙で、導入されました。前三重県知事である北川正恭が主として提案し、

＊2 マニフェスト
「はっきり示す」という

民主党がこれに積極的に取り組み、政権を獲得した際の主要閣僚＝ネクスト・キャビネット（次の内閣）を発表して、政策論争に打って出ました。また、その年春の統一地方選挙でも、神奈川県知事選で当選した松沢成文などが、首長版のマニフェストを発表しています。まだまだ十分に浸透しているとはいえませんし、二〇〇四年夏の参議院議員選挙ではかなりトーンダウンしてしまったのが現状です。

マニフェストの四条件は、数値目標・期限・プロセス・財源であり、かなりの具体性を要求されます。それゆえ、各政党や各首長が、このマニフェスト達成のため、政党間の力関係や、議会の反発など、現状においては、かなり苦しい展開となっています。

しかし、従来型の選挙公約である〝安心して暮らせる街〟とか、〝緑豊かな街づくり〟とか、〝福祉最優先〟といったスローガンでは、何をどうするのかわかりません。〝あいまいなままの選挙公約〟から脱しない限り、政治の成熟度が増さないでしょう。

テレビ政治の課題

二〇〇四年アメリカ大統領選は、共和党のジョージ・W・ブッシュ大統領が激戦の末、再選されました。この大統領選でも、三回に渡って、テレビ討論が行われました。当初劣勢だった民主党のジョン・F・ケリー候補が、最初のテレビ討論でブッシュに勝り、一〇％近くあったその差をつめました。

一九六〇年の大統領選において、初めて候補者同士のテレビ討論が行われました

ラテン語にその語源があるように、財源や数値目標が書き込まれているために、具体性があり、実現不可能であれば、公約違反となることが明らかです。日本では、二〇〇三年秋の公職選挙法改正により、選挙事務所や演説会場に限り、頒布《はんぷ》が認められました。マニフェストの本場・イギリスの総選挙では、各党が発表しており、書店などで手に入れることも可能です。

が、若くて精悍《せいかん》なケネディが、老練なニクソンを打ち破りました。一九七四年のフランス大統領選でも、ジスカールデスタンが対独レジスタンスの闘士であったミッテランとのテレビ討論で、「あなたは過去の人……」と攻撃したことが、僅差での逆転勝ちにつながりました。

日本でも、政党の党首や政策担当者間でのテレビ討論[*3]がありますが、政党が多くて、一つのテーマで、せいぜい三〇～四〇分では、一政党あたりの持ち時間は一〇分弱であり、議論がまとまりません。何らかの工夫が必要でしょう。

二〇〇四年の参院選では、年金問題が主たるテーマになりましたが、安保・防衛問題と同様に、実りある議論が展開されることが望まれるところです。

●政治家のリクルートメント

政治家の質（quality）の問題が、私たちの課題となっています。政治家にならなくてもいいような人ほど、選挙に強い。政策作成能力（政策通）があって、バランスのある人物は、なかなか当選できないですし、選挙に出ないのが現実です。

政治家のリクルートメント[*4]は、自民党では、二世議員が四割近くあり、地方議員や秘書出身者も多い。もちろん、官僚ＯＢも多いのですが、最近では、民主党のほうに優秀な官僚が流れています。民主党は、また旧社会党系で、労働組合ＯＢが多いのですが、その傾向は確実に弱まっています。公明党と共産党は、その団体の職員か、関係団体のＯＢが圧倒的です。

最近の傾向として、霞ヶ関（官僚）ＯＢが不人気のために、リクルートメントに

＊3　テレビ討論
いろいろなテレビ局で、政治討論番組が全国ネットで放映されています。各政党の幹部や政策担当者が出演し、論争を繰り広げています。しかし、持ち時間が短いということもあり、なかなか議論がまとまりません。

＊4　政治家のリクルートメント
衆参合わせて七二二名いる国会議員のうち、三親等以内に現・元国会議員がいる国会議員は一九二名です。そのうち一四二名が自民党議員です。地方議員出身者は一九七名、議員秘書出身者は一九六名、そして中央省庁出身者は一一〇名います（国会議員要覧平成一六年

変化が生じています。かつては、早稲田大学雄弁会出身者が、早大ＯＢの議員の大半を占めていたが、近年、松下政経塾[*5]出身者が、衆参合わせて二九名となり、一大勢力となっています。特に、民主党に二一人と多く、若手政治家の人材の養成機関として、一定の地位を確保するようになっています。中田宏横浜市長、松沢成文神奈川県知事、山田宏杉並区長など、首長となる者も出てきました。

また、現職国会議員が、一般の有権者を対象に、政治家養成塾を開講する例や、特別講座として「政治家養成講座[*6]」を設ける大学もあります。

定数削減

〝国会議員にしろ、地方議員にしろ、議員の数が多すぎる〟という声をよく聞きます。確かに、国会議員は多すぎます。衆院の四八〇人でも多いといえます。アメリカの連邦議会は、下院四三五人で、上院が一〇〇人です。議論をするには、三〇〇人前後でいいでしょう。常任委員会が一〇を超えているので、一定の議員数は必要ですが、多すぎます。衆院[*7]は三〇〇人、参院は一八八人（一都道府県四人……二名定数の改選で合計四人）で十分だと思います。

地方の議員定数は、かなり減少しています。現在、進行中の市町村合併でも、議員数が削減されています。それでも、全国で五万人前後の地方議員がいます。人口一万人以内の町村でも、議員は一四～一六人いますが、七～八人で十分でしょう。人口五～一〇万人の市でも、二五人を超える議員がいますが、半分近く削減してもよいでしょう。議員定数を半減して、給与を倍増したほうが、政治家によい人材が

一〇月版より）。その一方、二〇〇〇年衆院総選挙の前から、民主党が公認候補のいない空白区を解消するために、候補者公募を開始しました。自民党も、有力な民主党現職がいる都市部の選挙区などで、候補者公募を実施しています。

＊5 松下政経塾

松下電器の創立者・松下幸之助が次代の指導者育成を目指して私財七〇億円を投じ、一九七九年に神奈川県茅ヶ崎《ちがさき》市に設立しました。一九八六年衆・参同日選挙に逢沢一郎（現外務副大臣）が当選して、塾生として初めて国会に進出、一九九三年の衆院総選挙では、「新党ブーム」の風にのって、日本新党の七名をはじめと

集まってくるでしょう。

●多選禁止―長いものに巻かれろの政治風土―

〝八選町長〟[*8]〝四選知事〟などという活字が、よく新聞で見られます。アメリカの大統領は二期八年であり、州によっては、連邦議会議員の任期を制限しているところもあります。八選といえば、三二年間です。その間に、お手盛りもあれば、縁故での職員採用もみられます。かつて富山県高岡市では、一八万人の人口に対し、二五〇〇人を超える職員がいました。例えば、臨時採用の職員を正規職員に切り替えるといった、典型的な縁故採用でした。現在、その後の市長が、人員削減をして、二〇〇〇人を切る数まできています。公共事業の発注者が、長い間その地位にあれば、当然のことながら不正が生じやすいでしょう。そして、日本的政治風土に見られる、長いものに巻かれろで、上目遣いでの権力迎合がはびこります。とにかく長期政権は、問題が多いのです。

ある知事経験者は、〝一期四年を本気でやれば、クタクタになる〟と述懐しています。二期八年か、三期一二年が限界ではないでしょうか。〝権不十年〟という言葉があるように、首長の在任期間は限定したほうがいいに決まっています。

日本では、国会議員を二五年勤めると永年勤続表彰を受け、かつては五〇年勤めると国会に銅像が建つということで、議員の座に固執する例がありました。五〇年も議員をやれば、大きな勲章を与えられます。なぜなら、日本の勲章の最大基準は、〝長く何かの地位にあった人〟であるからです。いわゆる〈する価値〉より、〈であ

して一五名が当選。二〇〇三年秋の衆院総選挙で二六人が当選しました。現在、衆参国会議員二九名、首長四名、地方議員二七名を輩出しています（二〇〇四年一一月三〇日現在）。

＊6　政治家養成講座

筆者は、京都の立命館大学において、二〇〇三年秋より、政治家養成講座を開講し、現在、四〇人あまりの塾生が政治家を目指して修行中です。〝政策を語り、国民（住民）を最優先する政治〟をモットーに、講義を展開しています。

＊7　衆院は三〇〇人〜十分だと思います

筆者の私案では、衆院総選挙は政権を争う選挙と位

る価値〉なのです。プラグマティックに、政治は結果であることを再確認して、政治家の評価をきっちり下せる有権者の〝民度〟を高めなければなりません。

一票の重さと軽さ（格差）

定数が不均衡という問題があります。

例えば、鳥取県は、人口六〇万人弱で、日本一人口の少ない県です。しかし、参院選の改選議席は、一議席。東京都は一一〇〇万人と鳥取県の一八倍以上の人口格差がありますが、定数は四議席です。衆院の小選挙区でも、一票の格差は、なかなか二倍以内に収まりません。また市町村の合併問題で、人口の少ない町と町との合併で、新しい選挙が行われるまで、元の定数のまま行うこととして、人口のより少ない町の定数が、多いほうよりも定数が多くて、意見調整ができず、合併協議会が破談となったケースもあります。とにかく、確実に〝一票の不均衡〟を失くすことはできなくとも、最低限1対2の枠の中で、調整すべきです。それも、五年ごとの国勢調査の時の人口数で、自動的に改正できるようなルールづくり（現行は一〇年ごと）をすべきでしょう。定数是正が必ず問題になっても、時間がかかるのは、議員が自分たちの首を自分たちで絞めるようなことはしないからです。その意味でも〝衆議院議員選挙区画定審議会〟のような第三者機関の役割は大きいといえます。

日本型政治風土―利益誘導―

一九六〇年代当時、全国三三〇〇の市町村は、地元利益の代表として、〝オラが村

置づけ、比例区を失くして小選挙区の三〇〇人のみとします。参院は改選議席数を四七都道府県二議席ずつとして、×2で一八八人とします。そのかわり、一人の議員の給与を年間一億円とし、秘書の給与分を五〇〇〇万円とし、何人に振り分けてもよいということにします。高額を保障することによって、よい人材を集め、政策を十分に勉強してもらいたいと思います。

＊8　〝八選町長〟〝四選知事〟

首長の多選を意味する言葉。二〇〇三年春の統一地方選挙では、岐阜県高根村長の一〇期目が最高で、しかも、九期連続無投票当選を記録しました。その一方

の代表〟を送り出すことによって、国から莫大な補助金をもらい受けていました。そのパイプ役が国会議員であり、その傘下にいる地方議員（県会や市町村会の議員）でした。

かつて実力者と呼ばれたある保守系代議士は、選挙区で、各市町村の得票数ではなく、その代議士への得票率という客観的な数値で査定し、公共事業を分配することによって、各市町村を競わせ、後援会の集票マシーンを拡大・強化したのです。その結果、たとえ汚職事件で逮捕され、有罪判決が出たとしても、圧倒的な投票数で、議席を獲得する力をもちました。

〝一票での政治浄化〟―尾崎行雄の政治理念―

相馬雪香さんという方がいらっしゃいます。尾崎行雄[*9]の娘として、今でも国会敷地内の憲政記念館で、いろいろと政治改革や政治浄化運動を推進されています。

一九八八年に、リクルート事件が発覚した当時、相馬雪香さんは、当時、既に、七〇歳代の後半でしたが、凛《りん》とした姿勢で、〝有権者の一票での浄化こそ、民主主義の原点です〟と主張し、三木睦子さん（三木武夫元首相夫人）、加藤シズエさんの三人の元気なおばあさまで政治改革運動を続けました。東京だけでなく、全国各地をまわり、三木睦子さんは「政治倫理の確立」を、加藤シズエさんは「政治の力によって、悲しみや矛盾を減らすことの大切さ」を、そして、相馬雪香さんは「尾崎行雄の民主主義の根幹は、有権者の一票であること」を力説されていました。

〝一票で、政治を浄化し、政治を変える〟ことが選挙の大原則であり、私利私欲か

で、最近の首長選挙では、中田宏横浜市長や、三五歳の新人候補が当選した宮城県都城市のように若い新人候補が、高齢・多選の現職首長に挑み、無党派の支援を得て、破る例も目立ってきています。また二〇〇三年に、東京都杉並区では、区長の任期を三期一二年までを目安とした「多選自粛条例」が制定されました。

＊9 尾崎行雄（一八五八―一九五四）

一八九〇年の国会開設とともに衆議院議員となり、以来、六三年間に渡る議員活動において、民主政治の確立を目指し、常に民衆の側に立って闘い、憲政擁護運動においては、「憲政の神様」と呼ばれました。ま

らの一票では、本当に何も変わらず、多くのムダが、利益誘導という名の下に、莫大な国家予算を浪費してきたのです。

●パフォーマンスより政策、政策より結果

テレビ政治が語られる中で、政治家のパフォーマンスや演説は、政治家一人ひとりの評価にとって、かなりのウェートを占めています。小泉純一郎首相のケースもそうであり、田中角栄・中曽根康弘なども、常に大衆を意識して、ポーズをとり、メッセージを送り続けていました。しかし、それは一時的には、人気を博し、内閣支持率を高めることにはなっても、それだけで、政治改革や構造改革が進むものではありません。肝要なことは、どんな政策を有権者に訴えるかであり、政策に取り組む姿勢なのです。しかし、この政策も、官僚の作文であり、どのようにも解釈されるものであったり、無味乾燥なものが多いのです。それゆえ、マニフェストの導入が提唱されてきたのです。

しかし、政治は結果です。どんな立派な政策・マニフェストでも実効力がなければ、何も変わりません。政治に百点満点はありませんので、それゆえ妥協の産物ではあります。しかし、妥協しすぎて何も変わらなければ、政治は意味をなしません。それゆえ、一人の有権者として、一人の納税者として、しっかりとした〝政治を見る眼〟をもたなければならないのです。

政治は、理想や理念が必要であり、同時に倫理観をもって、国民＝有権者の期待に応えなければなりません。政治的現実をどう分析し、それをどのように、よりよ

た普通選挙運動の先頭に立ち、軍国主義の時代にあって、平和への信念から、国へ警告をし続けたことから、「議会政治の神様」とも呼ばれています。

＊10　埼玉県志木市の穂坂邦夫市長

穂坂市長は、市役所は非営利独占サービス事業体で、ライバルがいないと考えました。そこで対抗馬をつくろうと、「第二の市役所」として、志木市民委員会を設立しました。市民委員会には、二五二人の市民が公募で集まり、市役所、議会とともに、市の全事業見直しに参加しました。また、市役所の仕事を、「行政パートナー」と呼ぶ有償ボランティアにも任せています。

い方向へ改革していくのか（change for better）、それが政治の原点です。それゆえに、言葉やパフォーマンスだけでなく、結果を出さなければならないのです。

有権者は納税者

埼玉県[*10]志木《しき》市の穂坂邦夫市長は、〝市[*11]のオーナーは、納税者たる市民である〟をモットーとしています。とにかく、住民へのサービスを第一と考え、市政を運営しています。市役所と市民とはパートナーであり、両者のコラボレーション（協働）を提唱しています。

しかし、大半の政治家や首長は、議員バッジをつけると、そのバッジの威力に酔って、アゴが上がり、傲慢《ごうまん》になりがちです。政治を面白くダイナミックなものにするには、有権者が不正や誤りに対して怒りをもつことであり、常に政治をきちんと見る姿勢をもち続けることが大切です。

政治家のレベルは、有権者のレベルの反映である

〝政治家が悪いのは、彼らを選んだ有権者の責任だ〟この発言は古くから語られてきたものです。〝こんな低劣なテレビ番組の視聴率がなぜ高いの？〟と問われ、〝それを見ているアホな視聴者がいるからだ〟というやりとりが、テレビの世界にはあります。この二つの同じような発言が、民度の問題であり、民主主義の成熟度の問題となってきます。

大都会の選挙区で、風に乗って、アッという間に当選する議員もいれば、長い間

＊11　**市のオーナーは、納税者たる市民である**
筆者のゼミナールは卒業式では、必ずOBが新しく公務員になる卒業生や、将来政治家を目指す学生に対して、〝君たちを雇ったのは知事でも市町村長でもない。君たち公務員は、税金を払っている有権者＝納税者に雇われたことを、しっかりと胸に刻んでがんばってください……〟と訓示がなされます。一人の教師として、こういうゼミOBがいることを、ひそかに誇りに思っています。

＊12　**地盤・看板・かばん**
「選挙の三バン」と呼ばれ、〝地盤〟は地縁、血縁、そして個人後援会といった選挙戦を戦ううえでの基盤

築き挙げた後援会の組織力で、逮捕・起訴され、有罪判決を受けても、当選し続ける議員がいます。黒い噂がたえない首長が、何度も当選している例もあります。人々は、日常的なしがらみの中で生活しているわけですが、これだけでは何も変えられません。一人ひとりの有権者がどこまで自覚をもてるのか。地盤・看板・かばん[*12]の三バンを、日本の有権者はどこで捨て去ることができるのか。パフォーマンスや演説（公約＝口約）だけで当選して、基礎的な政治・行政のメカニズムや、日本の財政システム、納税システムがわかっていないのでは、地方自治を語れません。最低限度の基礎知識は必要とされるでしょう。もちろん根回しと妥協だけで政治はできません。

一人ひとりの有権者が、どれだけ日常的に政治や税や行政サービスを意識して、生活できるか、最低限、自分の払った税金が、きちんと有効に使われているかどうかを、しっかりと見定める眼をもつことが必要となるでしょう。

二一世紀の新しい時代の市民は、おまかせ民主主義から参加民主主義へ、そして参加から協働へと新しいステージの中で生きていかなければなりません。

おまかせの民主主義ではなく、もちろん観客民主主義でもない、これからの民主主義は、政治家や首長が、国民・市民のニーズに応える応答民主主義であり、一人ひとりが意見をもって、国政や市政に参加する参加型・協働型の民主主義でなければなりません。そうならなければ日本の民主主義は変わりませんし、旧《ふる》い政治は一掃されません。もう少し時間がかかるかでしょうが、私たちのゴールはそこにあると思います。

となるものを意味します。〝看板〟は引退する前国会議員の息子であるとか、中央省庁の元官僚であるとかといった、選挙戦を戦ううえで売り文句となる肩書きなどのことで、〝かばん〟とは、すなわちお金のことです。衆議院の選挙制度が、同じ党から複数の候補者が立候補する中選挙区だった時代においては、当選するための必須条件といわれていました。小選挙区制となった現在も、地方の郡部の選挙区では、当選するための主要な要因となっています。

選挙に関《かか》わる人々

①石田敏高さん（衆議院議員政策秘書）
②後藤　健さん（立命館大学産業社会学部産業社会学科一回生）
③亀井亀夫さん（有権者）

①選挙立候補経験者の声

旧来型の政治・選挙に決別するために、利益誘導的なことは一切言わずに戦いましたが、残念ながら当選には至りませんでした。自分が新しい選挙方法で戦いたいと思っても、選挙経験のある周囲の人は旧来のやり方を主張します。確かに選挙には技術的な側面もあり、どの意見をとり入れるかは難しい判断でした。

自分で満足のいく選挙ができたとは思っていません。二大政党制に向かう潮流においては、政党内の一部の人が候補者を決めると有権者の選択はほとんど二人に絞られてしまいます。候補者選びに予備選などをとり入れるべきではないでしょうか。

②政治家を目指す学生の声

政治家の原点は、人間の辛さや苦しみを理解することにあるべきです。選挙では、生活者の視点に立つことで改善すべき点や不便な点を明確にし、物事のしくみをいかに変えるべきかを訴えていきたいと思います。

しかし、選挙カーやチラシなどを中心とした従来の選挙方法で、候補者の声を有権者に届けられるかは疑問です。政策をきちんと話せる場をセッティングしたうえで、言葉をしっかり伝え、そして聞くということを大切にしていきたいと思います。

今後はマニフェストの導入や、地方紙、インターネット、ケーブルテレビの活用も進めていくべきです。

③有権者の声

政治家には、死ぬ気で頑張って欲しいと思います。だから候補者には、それなりの情熱と誠意と覚悟をもって選挙に臨んで欲しい。そうすれば、従来のような選挙活動にはならないはずです。名前を連呼するだけの活動は、騒音以外の何物でもありません。私たちが聞きたいのは、候補者自身が何かを訴える本物の言葉です。

「安全安心な社会」といっても、社会の不安は広がっていくばかりです。候補者が示して欲しいのは、どういう選択肢があって、その中からあなた自身は何を選ぶのか、そしてそれはなぜなのか、ということです。投票率の低下が指摘されますが、それもそのはず、私たちには「選択肢」がないのです。票を入れる瞬間に希望がもてないのです。私たちが欲しいのは、「選択肢」なのです。

Ⅳ-③ 裁判員制度から考えよう（司法システム）

ここでは、主に裁判員制度のしくみを通して、市民と司法のシステムとの「つながり」について考えていきましょう。

●裁判について考えてみよう

〈ケース1〉

老人性痴呆《ちほう》症の母親の介護を一人で行っていた人が、介護疲れのため、母親を殺害して、起訴されました。

「被告人が、介護によって肉体的・精神的に疲れ果てていった経緯には同情できる。被告人一人に母親の介護を任せていた、他の親族の責任も大きい。刑は軽くすべきだ」

「いや、痴呆になった母親には何の落ち度もない。ほとんどの人は、被告人と同じような立場でも、きちんと最後まで介護しているではないか。介護が大変だからといって、殺してしまうとはあまりにも身勝手であり、厳罰に処するべきだ」

〈ケース2〉

高価な宝石が盗難に遭い、ある人が、その三日後にこの宝石を自宅に保管しているのを発見され、窃盗《せっとう》の犯人として逮捕・起訴されました。この被告人は、捜査の段階から、犯行を自白も否認もせず、一切の話を拒否しています。

「盗んでいないなら、その旨きちんと説明できるはずだ。盗難の三日後に宝石を持っていたのだし、この被告人が盗んだに決まっている」

「いや、待てよ。盗んだという直接の証拠は何もない。盗難の三日後に宝石を持っていても、盗難品と知らずに犯人から譲り受けた可能性だってある。やっぱり、この被告人を犯人と認めることはできないよ」

みなさんは、どのように考えますか。

裁判では、時おり、難しい判断を迫られる場面があり、プロの裁判官でも悩むことがあります。自分の判断は事実を誤っていないか。自分の判断は、社会の常識や国民一般の感覚からずれていないか。裁判官は、一件一件、真剣に考えて仕事をしているのです。

●日本と外国の司法制度の違い

今の日本の裁判は、専門の資格をもった職業裁判官のみで判断されています。これを「キャリア裁判制」[*1]といいます。世間の注目を集めた事件について判決がされるたびに、国民の受けとめ方は様々で、「刑が軽すぎる」、「いや重すぎる」といった論評がマスコミから報道され、一般国民からの批判や賛成の投書が新聞に載ったりもします。みなさんも、これまで、裁判記事を読んで、「もっともな判決だ」と思ったり、あるいは、「裁判所のこの判断はおかしいのではないか」と感じたりしたこと

*1 キャリア裁判制
イギリスなどでは、弁護士としての経験を有する人から裁判官を任命する制度（法曹一元制）がとられており、「キャリア裁判制」とは、裁判官そのものの資格について、この法曹一元制に対置する言葉として用いられることもあります。

もあるのではないでしょうか。

外国ではどうでしょうか。よく知られているように、アメリカ、イギリスでは、一般市民から選ばれた陪審員が、裁判官を入れずに評議[*2]して有罪・無罪を決める陪審制をとっています。ヘンリー・フォンダ主演の「一二人の怒れる男」という陪審制を描いた古い映画を御覧になった方もおられるでしょう。ドイツなどでは、一般から選ばれた参審員が、職業裁判官と評議して判断する、参審制という制度をとっています。

実は、日本でも、かつて、昭和三年から、重大刑事事件について陪審制が実施されたことがありましたが、太平洋戦争が激化した昭和一八年に停止されています。

裁判員制度の導入

我が国では、政府内に設置された司法制度改革審議会で、約二年間、司法制度全般についての改革の方向性が議論され、平成一三年六月一二日にまとめられた意見書の中で、刑事裁判について、裁判員制度を導入することが提言されました。これを受けて、内閣の司法制度改革推進本部において法案の立案作業が進められ、平成一六年五月に「裁判員の参加する刑事裁判に関する法律」が国会で成立しました。この法律により、我が国では、一般国民の中からくじにより無作為に選ばれた人が裁判員となり、職業裁判官とともに審理に参加し、共に議論して判決の結論を決めるという、画期的な制度が、平成二一年までにスタートすることになりました。この制度を円滑に運用するため、現在、裁判所を中心とする各方面で研究と準備が進

＊2　評議
裁判員と裁判官が、判決の結論について議論すること。

んでいます。
「えっ、私も裁判員になるかも知れないの。人を裁《さば》くなんて、難しくてとてもできないわ」、「会社を休んで裁判所に行くのかい。面倒だな」などと言わないでください。まずはそのしくみと意義をみてみましょう。

裁判員制度のしくみ

裁判員制度は、裁判官も入って評議し、評決[*3]する点、また有罪・無罪の判断のみならず、有罪の場合にどの程度の刑にするか（量刑といいます）についても評決する点で、陪審制と大きく異なります。参審制とはよく似ていますが、ドイツなどの参審員は、各種団体などの推薦により選ばれたり、任期制があったりするのに対し、我が国で予定されている裁判員は、その事件限りで、国民の中から無作為に選ばれる点で、やはり参審制とも異なっています。

裁判員が裁判に参加する事件は、地方裁判所[*4]で扱う、死刑[*5]又は無期の懲役《ちょうえき》・禁錮《きんこ》に当たる罪に関する事件、法律上、合議体[*6]で裁判することが必要とされている事件（法定合議事件といいます）で、故意の犯罪行為により被害者を死亡させた罪に関する事件がこれに当たります。罪名でいうと、殺人や強盗殺人、保護責任者遺棄致死（例えば、親が子どもに食べ物を与えず、放置したため、死亡してしまった場合の罪）などの重大な事件がこれに当たります。

裁判員は、裁判官三名に対し、事件ごとに六名選任されます。被告人が起訴事実を認めている事件で、例外的に、裁判官一名に対し四名選任される場合もあります。

＊3 評決
裁判員と裁判官が、判決の結論について内部的に議決すること。

＊4 地方裁判所
全国の都道府県庁所在地の他、釧路、旭川、函館に本庁が合計五〇か所あり、その他に、主な都市にその支部があります。裁判所としては、この他に、比較的軽い事件を取り扱う簡易裁判所、主に家事や少年の事件を取り扱う家庭裁判所、さらに裁判に不服があると

この他に、裁判員が何らかの事由で解任された場合に職務を引き継ぐ補充裁判員が選任される場合もあります。

裁判員になったら、裁判官と一緒に刑事裁判の法廷（公判といいます）に立ち会い、審理が終了したら、被告人が有罪か無罪か、有罪だとしたら、量刑について、裁判官を含めたみんなで評議し、評決することになります。裁判官を含む九名の意見が分かれた場合には、多数決で決めますが、裁判官および裁判員のうちそれぞれ一名の賛成が必要とされています。評決が成立すると、判決が被告人に言い渡されることになります。

名簿登載の通知がきたら

裁判員選任の手続きは、まず、年に一度、衆議院議員の選挙権を有する国民の中から、くじにより選ばれた人が候補者として裁判員候補者名簿に登載されます。裁判員候補者名簿に登載されると、裁判所からその人に通知が行きますが、これは、名簿に登載され、将来、個々の事件の裁判員候補者として裁判所に呼ばれ、裁判員になるかも知れないというお知らせですので、通知を受けた人はこの時点で特に何もすることはありません。

裁判員候補者として裁判所に呼ばれたら

裁判員選任の具体的手続きは、おおむね、次のように行われます。

具体的に刑事事件が起訴され、裁判の日程が決まると、裁判員候補者名簿の中か

して申し立てられた事件を取り扱う高等裁判所、最高裁判所があります。

＊5　死刑又は無期の懲役・禁錮に当たる罪に関する事件

法定刑（法律で定まっている刑の幅のこと）の上限が死刑又は無期の懲役・禁錮に当たる罪の事件を指し、死刑や無期しか刑の定めがない罪の事件とか、情状からみて死刑又は無期判決が予想される事件という意味ではありません。例えば、刑法一九九条は、殺人罪について、「人を殺した者は、死刑又は無期若《も》しくは三年以上の懲役に処する」と定めており、その上限は死刑ですので、殺人罪の事件は、裁判員の参加する対象にな

ら、その事件の裁判員の候補者として、くじにより多めの数が選ばれます。このようにして選ばれた候補者は、裁判員を選ぶため、指定された日に裁判所に呼ばれます。裁判所では、主として裁判長から、後に述べるような、裁判員になれない事由があるかどうか、不公平な裁判をするおそれがないかどうかなどについて判断するための質問を受けます。被害者など、その事件に関係のある人や、警察官・弁護士など、一定の法律関係の仕事をしている人は、裁判員になれないこととされています。また、単に「忙しいから」とか「自信がないから」といった理由では辞退することはできませんが、例えば、重い病気で、裁判所に来ることが困難な場合や、自分しかできない重要な仕事があり、自分がその仕事をしないと著《いちじる》しい損害が生ずるおそれがある場合など、法律の定める事由がある場合には、辞退できます。そのような手続きを経たうえで、裁判員となることができると認められた人の中から、さらにくじなどの方法で、具体的な六名の裁判員および補充裁判員が選ばれます。

あなたが裁判員になったら

裁判員に選ばれると、まず、「法令に従い、公平誠実にその職務を行うことを誓う」旨の宣誓をします。裁判員として職務を行うことは国民の義務になりますので、仕事を休んででも裁判所に行かなければなりません。裁判員としての職務を果たすために仕事を休んだことによって、会社などの職場で不利益に扱うことは、法律で禁止されています。また、裁判員には、裁判所に来るための交通費や日当が支払われます。

ります。

＊6 合議体

複数の裁判官（地方裁判所の刑事裁判では三名）で構成される裁判体のこと。裁判所法という法律で、裁判官一名で審理・判決をしてよい事件（単独事件といいます）と、合議体で行わなければならない事件の種類が定められています。

裁判員は、審理に参加し、証人尋問などを裁判官と共に聴いたり、証拠物を見たりして有罪か無罪かなどの心証をつくっていきます。必要ならば、裁判長に告げたうえで、自《みずか》ら証人などに質問することもできます。

裁判員の参加する刑事裁判の多くは、数日で審理が終わることになりそうです。ただ、現在の刑事裁判では、判決まで数か月以上かかることも珍しくありませんが、一般の国民が裁判に参加するためには、裁判員の負担をできるだけ軽くするため、連続して法廷を開き、数日間で終わる必要があり、そのための方策が検討されています。

裁判員になった場合には、公平・誠実に職務を行うことが要請されます。また、秘密を守る義務があり、裁判を通じて知った秘密や、判決についての評議で誰《だれ》がどのような意見を述べたかについては、人に漏らしてはならず、漏らした場合には、裁判員であった人自体が処罰されることがあります。

裁判員の入った法廷（イメージCG）
＊最高裁判所で検討中の一案をCG画像にしたものであり、このレイアウトで確定したわけではありません。

なお、これまでの統計をもとに計算してみると、だいたい、一年間で国民の約三三〇人から六六〇人に一人が裁判員候補者として裁判所に呼ばれ、国民の一一六人に一人が、一生に一度裁判員を体験することになりそうです。

裁判員制度への期待と課題

裁判員制度の導入で期待されることは、司法制度改革審議会意見書の言葉によれば、「一般の国民が、裁判の過程に参加し、裁判内容に国民の健全な社会常識がより反映されるようになることによって、国民の司法に対する理解・支持が深まり、司法はより強固な国民的基盤を得ることができるようになる」ということです。

これまでのキャリア裁判官制のもとで、裁判官は皆、法律知識と事実認定について高度な研鑽《けんさん》を積みながら仕事をしています。裁判長ともなれば、豊かな経験をもち、専門知識に通じていることもあります。しかし、専門家だけで判断していると、自分は正しいと思っていても、知らず知らずのうちに、国民一般の普通の感覚からずれた判断に陥らないとは限りません。時には、一般国民から選ばれた、専門知識にとらわれない裁判員の意見に、裁判官が、目からうろこが落ちる思いをすることも、あるのではないでしょうか。これからは、司法の場でも、市民のこういった協力と活躍が期待されることになるのです。

ところで、裁判員制度に代表されるような国民の司法への参加については、これまで、我が国にも陪審制を導入すべきか否《いな》か、という形で議論がされてきました。陪審制に賛成する意見は、主に、「プロの職業裁判官だけで決めるのではなく、国民の常識的な感覚を判決に反映させるべきだ。そのことで、冤罪《えんざい》[*7]も防ぐことができる」というものです。

反対意見は、「証拠を冷静に検討する訓練を受けていない一般人が裁判をすると、マスコミの影響を受けたり、集団心理に流されたりして、かえって適正な判決ができなくなる。また、日本人の国民性として、他人を裁くことを嫌がる人が多く、みんなが進んで協力してくれるか疑問だ」などと主張しています。また、賛成する立場からは、「陪審制は、民主主義の観点からも望ましい。行政・立法のみならず、司法にも国民主権の原理を貫くべきだ」と主張されることがありますが、これに対しては、「陪審員は、選挙で選ばれるわけではなく、くじでたまたま選ばれた少人数の陪審員が、国民の意見を代表しているとはいえない。それに、政策決定とは異なり、被告人の有罪無罪という、証拠に基づいて科学的に判断されるべき問題は、多数決にはなじまない。陪審制を民主主義と結びつけて考えるのは誤りだ」と言う人もいます。

この陪審制に対する双方の意見の是非はともかくとして、これらの意見が指摘する点は、そのまま、今回導入される裁判員制度を運用する場合の問題や、裁判員として参加する人が心がけるべきことを、よく表しているといえます。

裁判は、あくまでも証拠に基づいて行われますから、裁判員になった場合には、証拠のみに基づいて冷静かつ公平に考えて評議し、結論を出さなければなりません。多くの重大事件では、裁判の始まる前にマスコミの報道がされますが、それによる印象や思い込みを排除して、心証を白紙に戻し、偏見や、感情にとらわれずに職務

＊7　冤罪
無実なのに、有罪とされてしまうこと。

【参考情報】

・『裁判員制度』丸田隆著、平凡社新書、二〇〇四年
・「ジュリスト」一二六八号、有斐閣、二〇〇四年
・「現代刑事法」六一号、六七号、現代法律出版、二〇〇四年
・最高裁判所ホームページ（http：//www.courts.go.jp/）裁判員制度紹介コーナー。
・法務省ホームページ（http：//www.moj.go.jp/SAIBANIN/）

に取り組む必要があります。裁判員制度では、裁判官もともに協議してゆくことになりますから、実際には、それほど心配しなくてよいと思いますが、裁判員として心がけるべき重要なポイントです。

裁判員として選ばれると、その職務を行うことは、国民の義務であり、仕事が忙しくても、進んで協力しなければなりません。そのために、裁判所では、裁判員として選ばれた人たちに、できるだけ無用の負担をかけないようにし、裁判員として参加しやすい環境や体制を整備するよう、努力と準備をしています。それと同時に、国民の側でも、裁判員に選ばれるかも知れないということで、できるだけ普段から裁判に関心をもち、自覚することが大切です。具体的な事件について、「自分が裁判員ならこのように考える」とシミュレーションをしたり、友人や家族と議論してみるのもよいでしょう。

「自分は、法律についての知識が全くないから、裁判に参加せよといわれても困る」、「人を裁く自信がない」と思う人もいるでしょう。しかし、裁判員の仕事に必要な法律知識は、裁判官が分かりやすく説明してくれることになっていますので、心配はいりません。また、確かに、人を裁くということは、大変な重みをもつ仕事で、決していい加減な気持ちや態度で臨むべきものではありません。しかし、だからといって、逆に過度にプレッシャーを意識する必要もありません。裁判員の制度は、これまで、職業裁判官だけの仕事とされてきた裁判に、国民や市民の常識的な感覚や、視点を受け入れ、新しい風を吹き込もうとするもので、まさに普段どおりの感覚で取り組めばよいのです。

もし自分が裁判員に選ばれたら、社会にとって重要な意義のある仕事をする、せっかくの機会です。是非とも協力しましょう。

【課題1】　被告人が無実を主張している事件について、裁判官は、どのように証拠を評価して有罪・無罪を判断しているのでしょうか。具体的な判決文の理由を読んで、考えてみましょう。判決文は、判例雑誌や、最高裁判所のホームページで読むことができます。

【課題2】　判決が言い渡された場合、これについて、新聞などの間で評価が異なっていないでしょうか。そのように異なる理由や論拠はどこにあるのでしょうか。できれば、複数の新聞や雑誌を読んで考えてみましょう。

【課題3】　自分が裁判員になった場合に、適正に意見を形成するためには、普段からどのような点に心がければよいか考えてみましょう。

▶Column（現場の声）――③

裁判員制度の実施へ向けての工夫

門野博さん
（札幌地方裁判所所長）

――裁判員制度実施へ向けて、現在どのようなところに力点を置いて準備していますか。

法律の専門家ではない国民が参加するというこの制度のメリットを生かすには、どうすればよいか、そのためには、手続き全体をどのようにイメージし、どのように運用したらよいか、研究会を開くなどして、このような点の検討に力を注いでいます。

また、実際に国民のみなさんに参加していただき、協力していただかなくてはなりませんから、とにかく、この制度をよく知っていただきたい、この制度に積極的な気持ちをもっていただきたい、このように願って、各種の広報活動にも取り組んでいます。

――国民にとってみれば、精神的なものも含めて、いろいろと負担になると思うのですが、何か方策を考えていますか。

この点は、事前の準備を充実させて争点を明らかにし、連続的に公判を開いて、事件が長期化しないようにすることや、裁判官が、事件や法律につき、平易な言葉でわかりやすく説明することで、少しでもその負担を軽減しようと考えています。その他にも、工夫すべきことは多いと思います。

――広報活動が大切なことはわかりましたが、実際どのようなことをしていますか。

今は、ポスターの貼付、パンフレットの配布、各種メディアの活用などといったことを行っています。まずは、このような制度ができたことをお知らせし、制度のアウトラインを知っていただくことに努めています。今後は、さらにくわしい情報を提供し、より深く理解していただけるような広報活動を展開する必要があります。

――裁判員として参加する国民に対して望むことは何ですか。

裁判員として参加する国民のみなさんの負担は決して軽いものではないと思います。

しかし、みなさん方の目線で議論していただき、それによって裁判をよりよいものにしていこうというのがこの制度の趣旨であり素晴らしいところですから、どうか前向きな気持ちで参加してください。やりがいのあることだと思いますよ。

Ⅳ-④ NPO／NGOから考えよう（社会システム）

ここでは、主にNPOやNGOなどの民間の組織と、それらの活動を通して、市民と社会に存在する様々なシステムとの「つながり」について考えていきましょう。

社会への参加は、市民の責任と権利

市民が参加する社会は、市場や政府、司法の場だけに限りません。日常の生活や地域の課題に挑むことも、市民の責任であり、権利でもあります。

例えば、阪神・淡路大震災（一九九五年）や新潟県中越地震（二〇〇四年）のような大規模な自然災害は、企業にとってはもちろん、自治体や国にとっても、想定外の事態です。迅速《じんそく》な復旧作業や被災者の支援が求められますが、すべての市民に対して平等・公平な対応が原則となる行政機関には、被害の全容を把握したうえで、より緊急性や重要性が高いものから支援することが求められます。企業は、自社の事業上の関《かか》わりや、利益で可能な範囲などを考慮に入れて、誰《だれ》を（何を）どれだけ支援するかを決めることでしょう。

しかも、行政の職員や企業の従業員自身も被災者でありながら、自分の家族や家屋の安全確保もままならないうちに、昼夜を問わず他の被災者の支援にあたっています。もちろん、それだけでは決して十分ではありません。被災後の緊急救援や復旧・復興においては、企業や行政だけでなく、市民自《みずか》らの取り組みも不可欠です。避難所の運営の支援や家屋の片づけなど、被災者の日常生活上の様々なニーズに対応したのは、全国各地から集まったボランティアでした。

民間の国際協力活動も、ボランティアから始まりました。一九七〇年代のインドシナ難民への支援活動は、日本国内はもとより、隣国タイに駐在する日系企業の家族などを中心に始まりました。その後、草の根の市民活動として継続した国際協力団体は、市民から寄せられた会費や寄付に支えられ、「制服を着ないプロフェッショナル」として、有給スタッフを雇用するようにもなりました。

一九九四年、紛争が続く旧ユーゴスラビアの市民を支えようと動き出した日本のNGO[*1]は、共同で活動するためにJEN[*2]（ジェン［Japan Emergency NGO Network］の略）という組織を設立しました。JENは、国内外の避難先から帰還してきた市民に対し、安定的な収入を確立することが、地域レベルでの平和の再構築と発展にとって最も重要であると考え、戦争で破壊された工場を補修するとともに、家族を失った人たちが働けるよう研修したり、畑を失った農家にみつばちやヤギを提供して現金収入を得やすくするなど、小規模で効果的な、草の根のニーズに応える事業を次々と実施しました。その後もJENでは、アフガニスタンやイラクでの学校の修復や新潟県中越地震で被災した同県川口町やインド洋大津波被災地のスリランカなどで、混乱から安定へと進みはじめる人々を支援する活動に取り組み続けています。

＊1　NGO
非政府組織（Non-Governmental Organization）の略。公益的な活動を行う政府以外の団体という意味で、実質的にはNPO（非営利組織）と同じです。日本では途上国の開発支援など国際協力系や、平和・反戦系のNPOを指すことが多いです。

＊2　JEN
JENのホームページ参照。（http://www.jen-npo.org）

これらの事業を行うための資金は、市民からの会費や寄付だけでなく、日本政府や国連難民高等弁務官事務所（ＵＮＨＣＲ）などの国際機関からも寄せられました。市民の目線から次に求められる事業を、具体的に企画・提案することができれば、志に共感する市民だけでなく、効果的な支援を実施したい政府や国際機関からも、資金が提供されるのです。

ここで大切なことは、資金が提供されるから（または予算として用意されているから）支援活動を行うのではなく、社会が求める活動として市民団体が自発的・先駆的に動き出し、政府や国際機関がその必要性や効果を認めて資金を提供する、というように、まず市民が動き、政府がそれを支援するという形態です。

政府や国際機関にとって、すべての国際的な課題に適切に対応するための、資金や人員を確保することは不可能です。だからこそ、自発的かつ専門的に課題に取り組む、民間の国際協力団体との連携が不可欠なのです。

また、行政は一般的に、議員や首長（知事や市町村長）など選挙で選ばれた人たちの影響を受けやすく、議員や首長は有権者の意見を尊重しようとします。このため行政の施策の決定には、少数派や投票権をもたない人たちの意見をおろそかにしてしまうリスクがあります。

特に、日本で働く外国籍の人たちは[*3]、一定の場所に長く住み続けても、外国人登録をして住民税を納め続けても、日本国籍をもつ人しか視野にない行政サービスを受けることができません。その問題点を指摘しても、少数派であり、さらに投票権がないために、とりあってもらえないことも、少なくありません。

＊3　日本で働く外国籍の人たちは～少なくありません
「Ⅰ－１」の一一二ページ参照。

阪神・淡路大震災で被災した外国人のために、生活関連情報の翻訳や医療通訳などを自発的に始めたボランティアたちは、後に「多文化共生センター」[*4]という団体を発足し、日本語で提供される自治体からの情報の翻訳や、行政サービスの不適切な格差を解消するための活動を続けています。

●個人としてのボランティアから継続的な組織としてのNPOへ

このような活動はすべて、自発的に動き出した市民によって始まりました。誰かに命じられたわけではなく、頼まれたわけでもなく、しかし、その活動が必要だと感じた市民が、まず自分で動きはじめ、周りを巻きこみながら、活動を続けてきたのです。

このように、自発的に始められた社会奉仕活動や、そういう活動をする人を、ボランティアと呼びます。

個人としてボランティアを始め、あるいは呼びかけに応じて参加しているうちに、その活動を一回限りや散発的なものではなく、継続して実施する必要性を感じることは、珍《めずら》しくありません。前述の国際協力や外国籍市民の支援は、まさしく継続的な活動が求められています。

こうして、ボランティアが継続的な活動を行うために設立する組織を、ＮＰＯ(Non Profit Organization［非営利組織］の略)と呼びます。

同じように自発的に活動を始め、それを継続しているサークルと、ＮＰＯとは、どこが違うのでしょうか。その最大の違いは、活動の目的が共益的か、それとも公

＊4 多文化共生センター
多文化共生センターのホームページ参照。(http：//www.tabunka.jp)

益的かという点にあります。

共益とは「自分たち」という閉ざされた範囲だけの利益のために、公益とは「この活動を必要とする人」という開かれた対象の利益のために、活動が行われることを意味します。

サークルは、自分たちの共通の趣味を楽しむことを目的に結成され、自分たちが得たいものやしたいことのために、活動を続けます。その活動に対しては、社会に迷惑をかけないといった程度以上に、高い期待が寄せられることもありません。

しかしＮＰＯは、前述のような課題や、芸術や文化・スポーツ活動を通じた理想の実現といった、社会的なニーズに取り組むことを目的に組織され、その活動を必要とする人たちのために活動を続けます。その目的に市民や行政・企業が共感し、会費・寄付や補助金などを集めることができるのです。一方で、だからこそＮＰＯには、社会から高い期待が寄せられます。このためＮＰＯは、活動の成果を挙げるだけでなく、運営も公正で情報公開も積極的に行うことが求められています。（表1）

自発性、柔軟性は高いが、財政的には不安定なＮＰＯ

市民が社会のニーズに応えるために活動を続けているＮＰＯは、ニーズや社会の変化にすばやく反応したり、あるいは変化を予測

	ＮＰＯ	サークル
発足のきっかけ	課題や理想といった社会的なニーズ。	自分たちの共通の趣味など。
価値基準	・**公益性**（＝利他） この活動を必要とする人たちのために、自分たちは何をどうすべきか？	・**共益性**（＝利己） 自分たちだけのために、得たいもの・したいことは何か？
社会からの期待	活動の成果や、運営の公正さ・透明性に対する期待は高い。	社会に迷惑をかけない限り、自治が許される。

表1　ＮＰＯとサークルの違いは、「公益性」か「共益性」か

して、次にすべきことに備える感性は、行政や企業より高く優れているといえます。しかし財政的には、行政や企業に比べて不安定です。（表2）

行政（国・自治体）の財源は税であり、納税者は多くは国民です。このため、行政が施策を実施するための財源は保証されているものの、平等・公平を原則としつつ、国民の代表として選出された議員によって構成される議会に、法令の案や予算を提出し、承認を得なければなりません。

企業の主な財源は売上であり、そこから経費を差し引いた利益を増大することが、株主や従業員に対する基本的な責任です。このため、社会に貢献する活動に提供される資金も、短期的には顧客に提供される製品やサービスを損ねることなく、長期的には株主や従業員の利益を増大するために、支出される必要があります。

ＮＰＯの主な財源は、団体や活動の趣旨に賛同する市民から寄せられる会費や寄付です。このため、その活動が社会にとって重要であり、団体が信頼できると理解されれば、より多くの市民から資金を集めることができるのですが、日本のＮＰＯは、重要性を理解し、信頼を得る力が弱いため、十分な資金を集め切れていません。

市民が市民を信頼し、ともに行動する社会へ

長い歴史をもつＮＰＯのリーダーたちは、「自分たちの取り組みを通じて、社会によい変革がもたらされることが重要だ」と言います。活動を続けるだけでも大変な苦労が伴うのに、社会を変えるところまで、なぜ、市民は成果を求められるのでしょうか。

	行政（国・自治体）	企業	市民団体（ＮＰＯ）
主な財源	税	売上	会費・寄付
資金提供者	主に国民	顧客	市民（会員・支援者）
行動原則	平等・公平	利益の増大	社会的な価値の最適

表2　行政、企業、市民団体（ＮＰＯ）での比較

あるリーダーは「それが、民主主義の本来の姿だから」と言います。

民主主義[*5]とは、市民が要望したことを行政や企業が実現する、つまり市民は要望するだけで、実現するのは行政と企業というのではなく、社会に必要なことに気づき、その必要性を伝え、まず自ら動き出し、社会のしくみにまで育てる責任と権利が、市民にあることを意味します。自分のしたいことだけをする団体を、市民は信頼しません。社会に求められる活動を、社会が納得する水準で実現し、それを続けるからこそ、市民は信頼し、あるいは尊敬するのです。

アメリカで市民活動や草の根の民主主義が根づいている理由として、建国からの歴史が短いからだ、という点を指摘する人もいます。わずか一〇〇年あまり前まで、西部へアラスカへと新天地を求めた人たちは、東部にある連邦政府を頼ることなく、火事が起これば自分たちで消し、子どもたちに教育が必要だと思ったら教会で順番に教えてきました。このように、必要だと思ったら、まず自分たちで始め、それが社会全体に必要なら行政が制度化し、収益が見込めるようなら企業として営業する、つまり最初は市民[*6]が起業するという必要性こそが、市民活動や草の根の民主主義を育てたのだというのです。

日本でも、戦後から高度成長期を経て、「何でも行政まかせ」にしてしまった代償として、公共的なサービスや組織の効率が著《いちじる》しく低く、また市民もそれをしかたないと許してきました。しかし高齢者[*7]がさらに増え、働き手となる若者が減り続ける今後の日本にとって、税収や国債（国の借金）をあてにした、行政サービスの拡大は不可能です。

＊5　民主主義とは～市民にあることを意味します
「Ⅰ－1」の一七ページ参照。

＊6　市民が起業する
「Ⅴ－2」の一九二ページ参照。

＊7　高齢者がさらに増え～行政サービスの拡大は不可能です
「Ⅳ－1」の一〇九ペー

民主主義社会、あるいは市民社会とは、市民が市民を信頼し、ともに行動する社会です。地域や世界の課題に気づいたら、その解決のために自発的に動き出すことが、かつてないほどに重要なのです。

【課題1】 あなたが生活している地域をよりよいものにするために、何が足りないでしょう。また、それを補うために、市民は何をすべきでしょうか。

【課題2】 市民が自発的に公益的な活動を始め、継続している時、行政がすべきことは何でしょう。また、すべきでないことは何でしょうか。

【課題3】 ボランティアやＮＰＯにとって、基本的な責任とは何でしょうか。

ジ参照。

▶Column（現場の声）――④

NPOに関《かか》わる人々

①作野今日子さん（CAPセンター・JAPAN）
②戎　剛さん（兵庫県津名郡東浦町教育委員会）
③石打謹也さん（兵庫県尼崎市立常陽中学校）

①NPO運営者の声

私たちの組織では、子どもへのあらゆる暴力を許さない安全な社会を創ることを目指し、そのためのワークショップ（参加型学習）を実施する「CAPプログラム」を普及させるための活動を行っています。具体的には、プログラムを実施する会員グループのネットワークの構築や各グループへの支援、プログラムを実施する人材の育成、子どもへの暴力防止の啓発などを行っています。こうした事業を通して、全国の少しでも多くの子どもたちにプログラムを届けたいと考えたためです。

地域におけるCAPプログラムの普及に努めるために、必要に応じて人材育成事業を自治体との協働で行い、他の団体とのパートナーシップを築くことを重視しています。また、問題意識を共有する他の団体との関係構築や情報交換にも力を入れています。

新しい会員グループが誕生したときや各グループから、プログラムによって暴力から自分を守ることができたという成功談の報告を受けるときには、特にやりがいを感じます。

②NPOを利用する行政関係者の声

私たちの町では「差別はいけません」の説教型から、参加型の人権教育へと見直しを進めていました。CAPプログラムは、子どもたちが参加・体験しながら、自分自身の人権をしっかりと認識し、自尊感情を高めることができるもので、こちらのニーズに合うと考え、導入しました。町内の小学校長からの要望がきっかけで、教育委員会で推進する人権教育事業の一環として実施しました。

③プログラムに参加した教員の声

CAPプログラムに参加して感じたのは、教師対生徒という関係が、多くの場合、教師のもつ権力のもとで築かれていて子どもの一面としか出会ってないということです。中学一年の「子どもワーク」では、大変元気で積極的な参加が得られ、企画してよかったと感じています。

資金面での捻出が課題ですが、今回はPTA役員の全面的な賛同と支援が得られ、実施できました。

【参考情報】

・CAPセンター・JAPANのHP（http://www.cap-j.net/）

Ⅳ-⑤ コミュニティと国際機関から考えよう（地域システムと国際的・グローバルなシステム）

ここでは、国内の地域コミュニティや、世界的な活動をする組織や団体などを通して、国・政府を超えたシステムのあり方について考えていきましょう。

（1） コミュニティから社会を考える

●グローバルな時代での国の影響力の低下

みなさんは、国の影響力がグローバル化[*1]でどんどん落ちているということをうすうす感じていると思います。一国の政策が国際的な流れの中で揺らぎ、変質される例をみていると思いますし、また地球温暖化に代表されるように一国だけではどうしようもない問題も起きていることを知っています。

また、価値観の多様化と揺らぎからでしょうか、あるいは現代社会の複雑化からでしょうか、私たち個々人では、あるいは家族だけでは解決できるような問題が段々少なくなってきつつあるような気がします。

＊1 グローバル化
グローバル化とは、「ひと・モノ・金」が国境を超え距離や時間の制約を超えて相互に行き交うこととなった状態、そしてそれにともなって、様々な現象が相互関連・相互依存関係の中

さらに、「グローバルな時代、地球市民」あるいは「自立した個人の時代」とかいわれるようになってきたとはいえ、やはり一国の問題、地域の問題も深刻化をましており、なおざりにすることはできません。人々は皆、豊かに快適に仲良く生活したい、将来に希望をもって生きたい、平和を守りたいと願っているからです。

国[*2]は影響力ばかりか、財政力も低下していますから、政府の仕事と今までみんなが思ってきたことでも、地域でできることは地域で、家族でできることは家族でという「自立の考え方」「官民パートナーシップの考え方」[*3]が必要になってきています。このように、次第に「小さな政府」[*4]に対する理解が国民の一人ひとりに芽生えてきていることも確かです。

悩みを抱える地方自治体

しかし、この「小さな政府」に理解が及んだからといって、少子化、高齢化、環境悪化などのいろいろな社会問題が一気に解決するものでもありません。そのため、人々は国よりも身近な地方政府[*5]、つまり都道府県や市区町村といった地方自治体に対して重要な役割を期待するようになりました。他方、「国に一方的にお金の裏づけのない仕事を押しつけられたらたまらない」という思いが自治体にはあります。

さらに地方は一枚岩ではありません。少子高齢社会の到来で、高齢化のスピードが速い地方と若者が集まる都会との「二極分化」と、高齢化する中心市街地と比較的若い層が住む郊外の「二極分化」とが同時に起こっているからです。

つまり、地域は住み、学び、遊び、働き、消費し、次世代をつくるなど多くの機

に生まれてくる状態を表します。

＊2 国は影響力ばかりか、財政力も低下しています
「Ⅳ・1」の一〇五ページ参照。

＊3 官民パートナーシップ
「Ⅳ・5」のColumn①参照。

＊4 小さな政府
経済学の父アダム・スミスが「夜警国家」と述べたように、国家の役割を外交、警察、軍事など国でしか行えない仕事だけに限定し、あとは市場に委《ゆだ》ねればよい。また、国民の税負担は軽く、自立と自助の精神が重要と

能をもっているはずですが、一つの地域でそれが満たせないようになってきています。そうなると、魅力のある地域とない地域に分かれていきます。その結果、人口五〇〇〇人に満たない過疎地域が増える一方、首都圏などの大都市は「人口が職を求めて移動」することで過密化しています。自立[*6]できない地域が地元の政治家に泣きついて「大きな政府」を国に求めようとします。しかし、その願いには「ない袖《そで》は振れない」と素っ気ない返事が返るだけです。では、地方政府が「大きな政府」で地元ニーズに応えられるかといっても、財政的に自立できているところはごく少数ですから、これも無理です。

●都市化で切断された「つながり」

社会の複雑化で、一人で、あるいは家族だけで問題解決にあたれるほど単純な問題は少なくなってきています。

ところが、困ったことに「他人に干渉されたくない」「自由気ままに」という都会のもつ雰囲気や「都市化の風潮」が次第に日本の隅々まで及んできつつあるようです。そのため、「他人のことは見てみぬふり」という風潮の中で、犯罪が野放しになり、青少年の非行が横行し、独居老人の孤独死、働き盛りの自殺などが新聞の紙面をおおい、やがて人々の記憶からも消し去られる時代です。

これらの根本的な解決は棚ざらしのままなのです。また、最近の大震災や風水害で被害の大きいところでも、お互いに助け合って被害を最小限に食い止めたところと、そうでないところとに分かれました。自治体間での協力も、うまくいっている

いう考え方が「小さな政府論」で、英米二国や最近の日本はこの路線です。「大きな政府論」は、人間とは本来弱いものだからお互い支え合い、国家が福祉や社会的セーフティネットを充実し、そのために国民の税負担は重くても当然という考え方で、北欧国家はこの路線です。

＊5　つまり都道府県や〜自治体にはあります

地方自治体は財政的に自立度を高めるために、国から地方に財源を移します（その中には国税の一部を地方税に譲り、地方自治体が自由に使える金を増やす税源移譲も含まれます）。その代わりに国からの補助金を減少させるのです。さらに歳入の

ところといないところで被害の差が出てきました。教訓や経験がどうも活かされていません。しかし、日常生活にとって自治体の重要性が改めて確認されました。

庄屋さんや大家さんなどが近所で困っている住民や家族の面倒を見る「昔の共同体」を復活させようとしても無理ですし、みなさんも反対するでしょう。ですから自治体なのですが、かといって増税をともなう「大きな地方政府」も支持されません。ここに自治体とパートナーシップが組める「地域コミュニティ」の重要性が浮かび上がってきます。また、多く[*7]の自治体も「市民協働課」などの名称の部門を設けてバックアップ体制をとりつつあります。

●地域コミュニティとは何か？

でも「地域コミュニティの出番だよ」といっても、コミュニティとは一体何かと問われて、明快な答えが出せる人が何人いるでしょうか。本書が考えるコミュニティと、みなさんが考えるコミュニティとは違うかもしれません。自動車の普及や交通網の発達で、生活行動範囲は町内会どころか地方自治体の枠をとうの昔にはみ出している現在はなおさらです。「違って、当然」と開き直ることさえできます。ある人は、「名前や顔がわかる範囲に暮らしている人の空間」と言うかもしれません。その反対に「顔はわからないけど地球の裏側にいる、メールで毎日チャット（おしゃべり）している仲間とのバーチャル（仮想）空間」というツワモノだっています。

一方、地域コミュニティは一般的に近隣住区ともいわれます。おおよそ「小学校区」や「郵便局の受け持ちエリア」くらいをコミュニティと名づけられそうです。

不足分を補うための地方交付税も見直してきます。この三つを一体で行うことを三位一体議論といいます。

＊6　自立できない地域が～国に求めようとします
「Ⅳ-2」の一二〇ページ参照。

＊7　多くの自治体も～バックアップ体制をとりつつあります
行政と住民のパートナーシップ論と折からの財政難の乗り切り手段との合体した動きの中から生まれてきました。「新しい公共空間」では、「従来のように官が独占するものではないし、市民も行政任せにしては実現できない議論と実践の場

コミュニティを「お互い信頼し合う下地があり、助け合うことが必要な時にいつでもそれが可能な空間であり、そのような住民たちの集まり」と大まかに定義してみます。

この考え方は災害時などで有効に働きます。地震や風水害では小学校の体育館や運動場が大いに活用されます。そこでは、小学校は典型的な「コミュニティ施設」となります。

ですが、公立学校の教育に信頼度がうすいのか、多様な選択ができるからか、都会では自分の子どもが登校経験がないため小学校の施設に縁のない人たちもいます。また、学校のほうも父兄には熱心に呼びかけをしますが、近隣住民にまで行事などの情報を流そうとはしません。父兄会やPTAを通じてコミュニティ意識をつくろうとしても、その糸口を容易に探し出せない事情が都会にはあるようです。実は、都会[*8]ほど「地域コミュニティへのニーズ」は高いはずなのですが。

●コミュニティを活性化しよう

ここでは具体的な例を取り上げて考えてみましょう。例えば、東京都の多摩ニュータウンは開発から三〇年、団塊の世代が圧倒的に多い典型的な郊外都市です。入居が始まった昭和四五年頃若かった人たちもとっくの昔に定年を迎えています。初老の人がエレベーターのない四、五階建ての集合住宅の階段を、重い買い物袋を提げてふうふう言いながら上がってゆく姿をよく見かけます。

このニュータウンは自然の地形を保存したため、多摩丘陵の高低差がそのまま残

である。行政が市民と共同で運営してこそ行政サービスの質は向上する」という理念が生まれてきています。そのような理念を、行政の運営に具体的に反映するために設けられた部署の代表例として「横浜市市民協働推進事業本部」(http://www.city. yokohama.jp/me/shimin/tishin/npo/sisin.html) があります。また、「大和市自治基本条例」(http：//www.city.yamato.kanagawa.jp/bunken/jyourei/) はこのような精神を具体化した条例の代表例として挙げられます。

＊8 都会ほど「地域コミュニティへのニーズ」は高いはずなのですが
「Ⅲ-3」のＡｃｔｉｏｎ⑥参照。

っているのです。ですから、自然の景観はいいのですが平坦なところが少なく、階段に次ぐ階段で、自転車で駅まで買い物という便利なところが少ないのです。勢い自家用車ということになりますが、年をとるにしたがって運転が億劫《おっくう》になりますし、危険も高まります。こうして「ひきこもり老人」が増えていきます。

そこで、立ち上がったのが、ニュータウンの奥さん方。お年を召した方々の送り迎えサービスのNPOをつくりました。介護保険などで経済的な保障があるNPOとは違い、ほとんどボランティアと同じですが、これらのNPOが「小学校跡地」を舞台にして住民同士のネットワーク化をはかったり、老人向けの喫茶店や宅配サービスを始めたりしながら、お互い「顔が見える関係づくり」を始めています。

NPOの活動が、「コミュニティの重要性」を人々に意識させ、再生させるきっかけにもなっているかもしれません。当然、NPOもまだ行政の支援が必要です。現代のように複雑な社会問題が多発している時代、その解決に十分な行政コストがかけられない状況では、行政とNPOやNGOなど「民間」[*9]が連携するケースが増えてきています。「小さな政府」でも、社会は十分機能してゆくのです。

パートナーシップのネットワーキング

社会は個人たちがその必要性にもとづいて様々な組織を創造してきました。国際[*10]機関、国、地方自治体、企業、学校、NPOやNGOなどです。これらの組織はそれぞれもっている目的も能力も様々です。あるときは競争し、あるときは協力し合う関係にあります。この関係が日本ではあまりうまくいっていないのです。関係は

＊9　民間
「Ⅳ-4」一四〇ページ参照。

＊10　国際機関～NPOやNGOなどです
「Ⅲ-3」参照。

おおまかにいうと「垂直」と「水平」の二つの関係です。

例えば、国、都道府県、市区町村という「垂直」関係です。また、「水平」の関係も何かの「壁で仕切られて」いて見晴らしがよくありません。「垂直」の関係が「水平」の関係を縛っているからです。ところが、社会問題が複雑化するほど、「水平」の関係が重要になってきます。例えば、防犯と教育の連携とか、商業と観光と農業の連携とか。すると「はじめに制度や組織ありき」という考え方を捨てて、「はじめに問題ありき」のこの指とまれ方式で、関係部署や組織が「官民の壁」を乗り越えて本気でパートナーシップを組むことが重要になります。そして、迅速性と機能性が必要ですから、常日頃からネットワークを組み、「お互いの能力の値踏みと情報共有」するネットワーキングが重要になってきます。このネットワークこそが「地域[*11]のソシアルキャピタル（社会関係資本）」なのです。

（2）国際的・グローバルなシステム

前述のこの指とまれ方式は、ひとつの国や地域を超えて、地球規模のシステムの中でも応用が可能です。ここでは、グローバルなネットワーキングの可能性そして必要性について考えてみましょう。

まずはじめに、私たちは「つながり」の中で生きていることを今一度思い起こしてみましょう。六三億人が存在する地球上において自分ひとりでは生きていけないのと同じように、約一九〇か国が存在する地球上において一国家だけでは生きてい

＊11　ソシアルキャピタル（社会関係資本）
社会の機能や秩序が円滑に働くための、緊密な人的ネットワークやよく練り上げられた制度のことを総称していいます。道路や橋や公民館などの公共施設といったハードあるいは社会インフラと対比される概念。経済学者よりもむしろ社会学者や行政学者が主に言及する概念です。厳密な定義がしにくく、あいまいですが、社会やコミュニティの特性を語る場合には、より包括的な議論が組み立てやすくなる概念でもあります。ロバート・パトナムは、コミュニティ内の快適性の高さ、犯罪の多寡《たか》、地域の経済格差の因果関係などにこの概念を使用しています。

くことができません。一国家の枠を越えた、他の国家との相互の関《かか》わり合いがあってこそ、私たちの生活は成り立っています。

そしてその相互の関わり合いは近年、加速度的に深まっています。いわゆる「グローバル化（グローバリゼーション〔Globalization〕）」です。

「グローバル化」と私たち

①「グローバル化」とその担い手としての私たち

「国際化」と「グローバル化」について少し考えてみましょう。国際化というと、「国家」「国民」がアクター（ある役割をもって活動する組織や人）として語られることが多いわけですが、グローバル化は、それらのアクターだけではなく、それ以外のアクターの関わり合いが「地球化」するのを表すのに用いられます。つまり、「国家」や「国民」だけではなく、企業、NPO／NGO、各種団体そして個人までもがグローバル化を担うアクターであるのです。

特に、インターネットなどの情報技術や交通手段の発達を経て、個人レベルでグローバル化の産物に出会うと同時に、個人がグローバル化を担う側面が大きくなっている点に注目する必要があります。自分自身の日常生活における衣食住の中にもグローバル化は明らかです。

今日の食事――食材・調味料、食材となるまでの飼料・肥料――は、一体何か国のものから成っているのでしょうか。今自分が着ている服の原料はエジプト、縫製は中国、デザインは日本というようなこともあります。また、海外旅行や留学に行

【参考文献】

・『スマートコミュニティ』細野助博著、中央大学出版部、二〇〇〇年
・『実践コミュニティビジネス』細野助博監修、中央大学出版部、二〇〇三年
・『哲学する民主主義』ロバート・パトナム著／河田潤一訳、NTT出版、二〇〇一年
・『市場の論理・統治の論理』ジェイン・ジェイコブス著／香西泰訳、日本経済新聞社、二〇〇三年
・『グローバル資本主義の危機』ジョージ・ソロス著／大原進訳、日本経済新聞社、一九九九年

くことによって、別な言葉や文化を学ぶ人も多いことでしょう。[*12]違う国から来た人たち、日本に住みながらも日本人とは異なるアイデンティティをもつ人たちと出会うことも日常的になっているかもしれません。また、インターネットの普及によって、世界中から発信される情報に日々アクセスすることも、また[*13]ブログなどを通じて世界中に発信することも可能になっています。このように、私たち一人ひとりはグローバル化の産物を享受すると同時に、グローバル化のプロセス自体を担っているのです。

②地球規模の問題と私たち、そして地球益

[*14]一方で、グローバル化が加速するにつれて、「負のグローバル化」とも呼ばれる環境や食糧、人権などの諸課題が生まれてきています。これらは一つの国家だけでは対応しきれない問題群で、[*15]地球規模問題といわれます。地球規模問題としてよく取り上げられるものに、環境汚染、食糧危機、感染症の蔓延《まんえん》、難民流出、人口増加、紛争、武器・麻薬取引の拡大などがありますが、日本に住む私たちも、それら地球規模問題と無関係ではないのです。先ほど私たち一人ひとりがグローバル化のプロセス自体を担っていると述べました。グローバル化のプロセス自体を担うということは、例えば自身の消費行動を通して、別な国々の環境汚染、人権侵害・無視、食糧難などにも関わっているということです。これら諸問題は「本の中に書いてあること」ではなく、今、この瞬間にも地球に住むすべての人に着実に影響を与えています。誰《だれ》かが苦しんでいると同時に、私たちが「あってあたりまえ」と感じている

＊12 違う国から来た人～日常的になっているかもしれません
「Ⅲ‐1（1）」の四六ページ参照。

＊13 ブログ
日記形式のWebサイトのこと。ライブドアのホームページ（http://blog.livedoor.com/blog.html）参照。

＊14 一方で～諸課題が生まれてきています
「Ⅲ‐1（2）」の五八ページ参照。

＊15 地球規模問題
地球規模課題、地球規模課題群とも呼ばれています。

大気や水、食糧を生み出し、私たちの命を支える母体としての地球環境が壊れつつあります。

くり返しますが、私たちは、国家の枠組みを超えた相互関連性の中で生きています。日常の衣食住の向こう側に、まだ見ぬ何十人、何百人という人々を想像する時、彼あるいは彼女らを地球に生きる者同士として認識できるでしょうか。それと同時に、自《みず》ら《か》を「地球」に生き、生かされている存在として認識できるでしょうか。地球規模問題を「他人事」ではなく、自分自身も問題改善・解決のためのステークホルダー（利害関係にある当事者のひとり）であると認識できるでしょうか。

自らが国民である[*16]「国家」にとっての「国益」という言葉がありますが、自らが生きる場所を「地球」としてとらえ、その自分自身のあり方と地球のあり方をつなげて考えられるならば、「国益」ではなく「地球益」を達成するためのグローバルなシステムが必要であることがわかります。

地球益を達成するためのグローバルなシステム

さて、次に地球益を達成するためのグローバルなシステムについて具体的に考えてみましょう。様々なグローバルシステムが存在しますが、ここでは、①国際機関、②グローバルな市民社会の二つを取り上げて考えていきましょう。

①国際機関

みなさんが「地球益を達成するためのグローバルなシステム」と聞くとき、まず

＊16　**自らが国民である〜必要であることがわかります**
「Ⅲ-1（1）」の四九ページ参照。

【参考文献】

・『暴走する社会　グローバリゼーションは何をどう変えるのか』アンソニー・ギデンズ著／佐和隆光訳、ダイヤモンド社、二〇〇一年
・『国際関係論を超えて　トランスナショナル関係論の新次元』吉川元編、山川出版社、二〇〇三年
・『人間安全保障論序説　グローバル・ファシズムに抗して』武者小路公秀著、国際書院、二〇〇三年

「国連」を思い浮かべるのではないでしょうか。国連、すなわち国際連合は、二つの大戦を経て世界平和の礎《いしずえ》として設立された「国際機関」です。しかしすべての国際機関が国連機関というわけではありません。国際機関[*17]とは、何らか特定の目的（役割や機能）が与えられた、複数の国家から構成される組織体であり、一国家もしくは二国家間の関係では解決できない課題に取り組むために設立されています。取り組みは国際的なルールづくりとしての条約制定や、途上国への技術・資金協力、国際的な司法裁判など多岐にわたります。

日本政府[*18]など各国政府は国際機関に加盟し、拠出金を提供しながら国際的な意思決定のプロセスに関わっていくわけですが、各国政府の思惑の前に、合意形成が困難になる場合もあります。つまり、一国家を超えた諸課題に対処するにあたっても、国際機関の構成単位が国家であるので、依然として一国家としてのスタンスをとる必要があるのです。しかしそのような限界があるにせよ、少なくとも一国家だけでは対応しえないグローバルな課題についての対話や協働を模索できるしくみがあることが、課題解決への希望となるのではないでしょうか。

②グローバルな市民社会

市民社会組織（Civil Society Organization。CSO）とはNGO／NPO、地域[*19]に根ざした団体、労働組合、大学、メディア、宗教団体など多様なアクターを表します。それら各団体が、特定の課題解決のために国境を越えて結びつき構成するグローバルなシステムが、グローバルな市民社会です。前述の国際機関に比べて、よりゆる

＊17 国際機関
政治・安全保障を取り上げる国連、教育・保健・開発などの個別の課題に取り組む国連専門機関（国連教育科学文化機関［UNESCO］、世界保健機関［WHO］、国連開発計画［UNDP］など）、資金調達・通貨・経済発展を担う国際開発金融機関（国際通貨基金［IMF］、世界銀行など）、地域の課題に取り組む地域機関（東南アジア諸国連合［ASEAN］、欧州連合［EU］、アフリカ連合［AU］など）があります。

＊18 日本政府など各国政府は〜合意形成が困難になる場合もあります
記憶に新しいところでは、京都議定書や国際司法裁判

やかでかつオープンなシステムといえるでしょう。

例えばコンビニに設けてある途上国のための募金箱。これはある国際NGOが展開する活動ですが、コンビニを利用する誰もが参加できるしくみです。日本には現在約四〇〇の国際協力NGOがあるといわれています。問題意識が芽生え、何かしら行動を起こしたいと思う人は、そのようなしくみを通して個人として問題に働きかけることができるのです。また、別な例としては、途上国の債務帳消しや地雷廃絶などのキャンペーン活動が挙げられます。改善・解決されるべき地球的な課題が求心力となって、各国CSOが地球的規模で連携し、より多くの人々を巻き込みながら、国際機関やそれぞれの政府に働きかけ、政策決定に影響を与えています。このように、グローバルな市民社会は、グローバルな課題に対して、①個人としても働きかけられるしくみを提供し、②国境を越えたCSOの連携によって国際機関や国家に対する効果的な提言活動を可能にしているのです。

また、CSOは国境を越えるグローバルな課題に取り組むと同時に、一国家という枠組みの中に存在する「内なるグローバル化」によってもたらされる課題にも対応しています。グローバル化は様々な社会的不公正を国内外問わず生み出していますが、市民社会は国家が取り組みにくい、または対応しきれないような、グローバル化によってひきおこされる国内課題にも柔軟かつ機敏にアプローチできるのです。

ローカル、ナショナル、グローバルな存在としての市民

「国家」に国籍を有する「国民」としてだけではなく、「市民」というアイデンテ

所設立が挙げられるでしょう。また、人権に関する諸宣言・条約に関しても、「人権」という概念をめぐって価値観の対立が見られます。

＊19 地域に根ざした団体
Community-Based Organization（CBO）。

例えば自治会や町内会。また、厳密にはCBOではありませんが、住民のニーズをより的確に汲み取ることができる地方自治体の役割にも注目する必要があります。水俣市や広島市は、それぞれ環境保全や軍縮といった課題についてグローバルに活動しています。


【参考文献】
・『国境を越える市民ネッ

ィティを私たちはもっています。私たち一人ひとりは、ある「国家」というコミュニティに属する国民であると同時に、地域（血縁・地縁）コミュニティにも、仕事場や学校というコミュニティにも属しています。そして、地球というコミュニティにも属しているのです。自分自身の日々の生活が地球にも、地球に暮らす多くの人々にも影響を与え、また与えられていることを思う時、私たちには、様々な状況の変化を理解したうえで地球益を守り、さらに育てていくためのグローバルなシステムの構築と、そのシステムに積極的に参加していくことが必要であることがわかるのです。

トワーク　トランスナショナル・シビルソサエティ』目加田説子著、東洋経済新報社、二〇〇三年
・『開発コミュニケーション　地球市民によるグローバルネットワークづくり』久保田賢一著、明石書店、一九九九年
・『国際協力ＮＧＯダイレクトリー二〇〇四　国際協力に携わる日本の市民組織要覧』特定非営利活動法人国際協力ＮＧＯセンター編集・発行、二〇〇四年
・『国際協力ガイド二〇〇六　世界とつながる国際協力の仕事・学び・ボランティア』国際開発ジャーナル社編集・発行、二〇〇四年

▶Column――①

産官学連携を通じてのコミュニティの可能性

（「学術・文化・産業ネットワーク多摩」形成と挑戦）

少子社会の到来、初等中等教育の学力低下という二つの挑戦を大学教育は受けています。規模の大小や所在コミュニティ（地域）を問わず、大学は自前で生き残り戦略を模索せざるをえないのです。産官学の連携はその有効な戦略の一つです。

「学術・文化・産業ネットワーク多摩」（http://www.nw-tama.jp/）は、コミュニティと絡《から》めて産学連携を推進していますが、参加機関にはそれぞれ目的があります。大学は立地産業ですから、学生が通うコミュニティが魅力的でなければ志望者は減ります。現在、多摩地域には七〇のキャンパスと三五万人を超える学生、教職員がいて、人口一〇万人あたりの学生数はたぶん世界一ですが、都内二三区に立地する大学より様々な意味で不利です。

次に多摩地域の自治体も財政上の余裕度を示す「財政力指数」が一・〇を超えるのは、三〇市町村のうちたったの八市です。さらに都心のベッドタウンとして開発されましたので、個人住民税への依存度がきわめて高いのです。ところが、都心回帰で若い人口を失いかねません。住民に住みよさをアピールしなければ先行き真っ暗です。

最後に多摩地域全体で二三区の約三倍の製造業出荷額があります。圧倒的に多いのは中小零細企業の事業所。国内空洞化の影響もかなりあるため楽観を許す環境ではありません。有能な人材を大学の就職課に募集に行っても、「無名に近い」ことから消極的な対応しかしてもらえません。技術は一流という自負はあっても、それでマーケットや世間に注目されるわけではないのです。大学に最新技術情報だけでなく、会計も労務管理も、マーケティングも指導して欲しいですし、後継者を育てるセミナーも欲しいと考えました。

こうして、産官学の連携でがっちり手を組むことになりました。これは、ゼロからのスタートではありません。学術・文化・産業ネットワーク多摩は二〇年以上も前から隔年に開催されてきた「多摩学長会議」が母体です。四年の活動期間を経て、現在、一四の自治体、主要な地元の五つの信用金庫、国内外の主要なネット企業、そして五〇の大学・短大の計一〇四の機関で構成されるまでに成長し、より組織的に活動するた

1．共立女子大学
2．杏林大学（保健学部）
3．創価大学
4．創価女子短期大学
5．拓殖大学
6．多摩美術大学
7．中央大学
8．帝京大学
9．帝京大学短期大学
10．戸板女子短期大学
11．東京工科大学
12．東京純心女子大学
13．東京造形大学
14．東京都立大学
15．東京薬科大学
16．日本文化大学
17．山野美容芸術短期大学
18．国立音楽大学
19．亜細亜大学
20．亜細亜大学短期大学部
21．成蹊大学
22．日本赤十字武蔵野短期大学
23．日本獣医畜産大学
24．杏林大学（医学部）
25．国際基督教大学
26．東京女子大学
27．東京神学大学
28．ルーテル学院大学
29．明星大学（情報学部など）
30．東京外国語大学
31．東京農工大学
32．東京都立短期大学
33．電気通信大学
34．東京慈恵会医科大学
35．桐朋学園大学
36．桐朋学園大学短期大学部
37．白百合女子大学
38．桜美林大学
39．桜美林短期大学
40．国士舘短期大学
41．昭和薬科大学
42．東京服飾造形短期大学
43．玉川大学
44．玉川学園女子短期大学
45．鶴川女子短期大学
46．東京家政学院大学
47．東京家政学院短期大学
48．東京女学館短期大学
49．法政大学（経済学部など）
50．和光大学
51．東京学芸大学
52．東京農工大学（工学部）
53．法政大学（工学部）
54．嘉悦大学
55．嘉悦大学短期大学部
56．白梅学園短期大学
57．津田塾大学
58．文化女子大学
59．文化女子大学短期大学部
60．武蔵野美術大学
61．武蔵野美術大学短期大学部
62．実践女子大学
63．実践女子短期大学
64．東京都立科学技術大学
65．明星大学（理工学部など）
66．東京経済大学
67．東京経済大学短期大学部
68．東京女子体育大学
69．東京女子体育大学短期大学
70．一橋大学
71．武蔵野女子大学
72．武蔵野女子短期大学
73．日本社会事業大学
74．明治薬科大学
75．大妻女子大学
76．大妻女子大学短期大学部
77．恵泉女学園大学
78．恵泉女学園短期大学
79．国士舘大学
80．多摩大学
81．駒沢女子大学
82．駒沢女子短期大学
資料：教育庁「東京都学校名簿（平成11年度版）」

多摩地域の大学立地状況（2001年現在）

【出典】「多摩の将来像2001」（2001年）

め社団法人化が進められています。すでに年中事業化している活動の一端を紹介しましょう。

（1）三市の交通の便のよい公共施設を活用して生涯教育講座を開催しています。この講座は主にシニアの人を対象に「健康」「貯蓄」「NPO」をテーマとして、各四回コースで募集し、テーマによっては抽選で受講生を決めています。お小遣い程度で一流の講師陣の講義が聴けるのですから抽選になるのももっともです。

（2）東京都全域の教職一〇年経験者への「リカレント教育」は、三〇講座もありますから単独大学で準備することなどできません。複数大学の講座を編成しコーディネートすることが必要です。東京都にとって依頼先は複数の大学ではなく、「ネットワーク多摩」一つですから楽です。

(3) (2)と同様の試みはある新聞社との提携講座です。一線級の記者たちの生の講義がITを駆使してサテライトキャンパスで同時開講され、それを各大学が単位互換制度で受け取ります。これは一つの大学では到底かなわない企画です。

(4) 特異なインターンシップとして、「学生ホームページグランプリ」があります。学生がベンチャー企業や中小企業を訪れ、社長さんや現場の人と対話しながらホームページを作成します。応募作品はコンテスト形式で第一線の方々に審査をお願いし表彰します。グランプリは一件一〇万円、準グランプリは三件五万円、企業賞は五〇件三万円の賞金です。お金の魅力もありますが、就職を控えた学生には履歴書に書ける体験です。今回は募集企業五〇社に対して八〇数名の学生が応募し、一人で何社ものホームページを作成したツワモノもいます。

(5) 初等中等教育の充実のために、学生教育ボランティアを活用して実現したいという一七の自治体に約三〇〇人弱の会員大学の学生を派遣しています。彼らに教職課程の履修条件は課しません。「児童に教えたり、遊びたい学生」なら誰《だれ》でも大歓迎。放課後の部活や環境体験教育など課外授業のコーディネータやアシスタントとして学生が教育の現場に入ることで、教員の負担軽減につながっているようで、年々各自治体からの要請が増加しています。また、多摩地域の代表的な駅前商店街を巡回しながら開催されるクリスマスイベントは、近所の子どもたちにとって楽しみなイベントとなっています。また、国営昭和記念公園で開催される「フットサル大会」は、「優勝商品がディズニー・シーとホテル・ミラコスタ宿泊券」なので、若者を中心に二〇〇チームという多くのチームが参加する予選から始まります。学生たちが自分たちのもつネットワークをフルに使い、ITを駆使し、民間企業の協賛も受けて参加者に喜ばれています。はじめてから二年目ですが知名度は抜群です。

さて、産官学の連携はけっして「なかよしクラブ」ではありません。それぞれ大学間でも、企業間でもライバルとして自治体間でもひじを張ることの「緊張感」と、相互にパートナーシップで汗を流すことの「満足感」が天秤《てんびん》にかけられながらこの連携活動が進められているのです。このようにコミュニティも活動の幅も広い産官学連携活動ですから、独立行政法人化した地方国立大学を核とした地方大学連携の一つの典型的なビジネスモデルとして、文部科学省からも、これから連携組織をつくろうとしているコミュニティからも期待されているのです。

【写真】「ネットワーク多摩」の環境体験教育

▶Column（現場の声）――⑤

NGOや国際機関で活動する人々

①坂口和隆さん（シャプラニール＝市民による海外協力の会）
②渡辺陽子さん（世界環境ファシリティ生物多様性担当官）
③ビンヤ・アリヤラトネさん（スリランカ現地NGO・サルボダヤ事務局長）

①NGOで活動をする人の声

私の属するNGOは、バングラデシュとネパールの貧しい住民が「自分の生活は自分でよくする」ことを合言葉に取り組む、相互扶助グループの活動を支援しています。貧困を減らしていくためには、依存心を生まないこうした自主的で継続的な活動が大切ですが、国家のシステムだけではどうしても単に「与える」だけの福祉的なサービスの提供にとどまってしまいます。一方的に与えるだけの「援助」ではなく、市民が「生活者」としての視点をもって、国を超え、民族を超えて対等の立場で対話し、主体的に貧困に立ち向かっていくことが求められます。そしてその市民同士の媒介者となれるのがNGOのような国際システムです。

②国際機関で活動をする人の声

自然環境、特に森林や水の自然資源の保全と持続的利用は、貧困に苦しむ多くの途上国に住む人々にとって、日々の生活および生活向上のために大きな役割を担っています。私が働くGEF（世界環境ファシリティ）は、国連機関・世界銀行などと共同し、地球規模の環境問題（生物多様性保全・気候変動など）を軽減・改善するために国家の枠を超え、一五〇か国以上の国々が協力して運営している世界で最大規模の国際環境基金です。先進国の政府および市民が自国の枠を超え、ますます深刻化する地球環境問題に関心をもち、途上国に対する資金・技術的援助を増進していくことができたらと思います。

③ローカルNGOで活動する人の声

サルボダヤは一九五八年に活動を開始し、スリランカの貧困削減はもとより包括的な社会発展活動を行ってきました。この間、スリランカという一つの国を超えた国際社会から多くのご協力を得てきましたが、サルボダヤの「中庸の発展」というビジョンが逆に様々な国で活動する個人やNGO、国際機関にも積極的な影響を与えたと思います。「社会」をよりよくするためには途上国の貧困削減を途上国だけで行っていてはならないのです。地球上に住む人々がよりよい社会をつくるために互いに学び合い、それぞれいる場所を変えていくこと、そしてその過程において互いを支え合うことが必要です。

V. 自《みず》ら考え、発言・行動を起こそう

Point

これまで学んできたことをもとに、市民としてアクターとして、社会に関《かか》わるうえで必須である「自ら考えること」と「自ら行動を起こすこと」について、より実践的な方法を身につけていきましょう。

V-1 自ら考えよう

「自ら考えること」が、市民の社会参画の基礎になる。そのためのいくつかのスキルや観点について学んでいきましょう。

民主主義とは、市民が自分たちの問題を自分たちで考え、社会における意思決定に影響を及ぼすことのできる制度です。そのため、市民が「考える」ということをしなければ、民主主義社会は成り立ちません。「人間は万物の尺度である」というプロタゴラスの言葉を引くまでもなく、善と悪は相対的なものであり、民主主義社会では様々な価値観や道徳が認められている以上、社会的選択をする際には構成員の一人ひとりに考えるということが要求されます。市民にとって、自ら考え、判断するということは最も基本的な習慣でなくてはなりませんし、そのためには考えるためのスキルを身につけることが求められます。

もっと簡単に考えてもよいでしょう。人間は誰《だれ》しも幸せに生きたいと思っています。私たちにとって「市民」であることは、幸福に生きるために行使できる権利をもつことです。そして、その権利を効果的に使おうとするなら、自分自身で物事を考えなくてはなりません。市民として、自分の頭で考えるとはどういうことなのか、ここではその手がかりを整理してみましょう。

意見をもつことと考えること

市民として社会の意思決定に参加するためには、まず自分の意見をもつことが前提となります。自分の意見をもたなければ、何かを主張したり、何かを支持したりすることさえできなくなり、自分や自分の大切な人の幸せのために行使することのできる、市民としての権利が何の意味ももたなくなるからです。

しかし、その意見がただ単にマス・メディアや他の誰かから与えられたものを、何も考えずに受け入れただけのものなら、自分自身の願いを実現するために必ずしも適切なものではないかもしれません。私たちが手に入れる情報の多くは、現実の中のごく一部を限られた視点からとらえたものであり、何らかの意図が入っていたり、間違っていたりすることもたくさんあります。外から入ってくる情報をただ鵜呑《うの》みにしていては、誰かに操作されるだけの人間になってしまいます。私たちは、自分たちのまわりにある様々なことについて自分で考え、何が正しいかを見極めて、そして自分が何を願うのかについて判断していくべきです。

一方で、人間は自ら手に入れた情報でしか物事を判断することができません。そのため市民は、適切なメディアを通じてなるべく多くの情報を入手しようと努め、また自分の把握している情報が社会で起きている現実のどの程度であるかについてのイメージをもっておいたほうがよいのです。そして、何かを考察したり主張したりする際には、その考えが「私の認識によれば」という制約つきのものであることを意識しておいたほうがよいでしょう。

論理的に考えること

物事を考えるには、「論理的に考える」ことが重要です。このようにいうと、理屈っぽい印象をもたれるかもしれません。おそらくそれは、論争やディベート、政治的主張、あるいは日常生活の様々な場面において、論理が何かを正当化するために現実をねじ曲げるこじつけとして使われた経験が印象に残っているからでしょう。しかし、本来論理は、物事を正確に考え、わかりやすく伝えるための技術なのです。

社会問題について考える際に、[*1] ただ漠然とした認識をもっているだけでは、何の解決も得られません。解決の道筋を立てるためには、その問題が生まれた背景の中から、問題解決の鍵となる因果関係を探して、それを裏づけるための材料を見つける必要があります。複数の考え方の中から、ある考え方が正しくて、別の考え方が正しくないと判断するには、その理由を説明するための論理的な根拠が必要です。経験や直感から得られる認識は、自分や自分と多くの経験や考え方を共有する身近な人間との間では真実味があるかもしれません。しかし、これをそうではない他人と共有するには、仮説を立てて検証し、他人にとっても真実味のあるものにしなければなりません。

論理的な思考を行ううえで最も重要なのは、[*2] 情報を整理することです。基本的には、ひとまとまりの情報をパッケージ化した情報単位を、それぞれの関係性を明確にしながら、全体の流れの中に位置づけていくプロセスが求められます。ここで肝心なのは、次のことです。

＊1　社会問題について考える際に〜材料を見つける必要があります

本来、現象は色々な背景の中で生まれてくるもので、たった一つの理由で発生するわけではありません。そこに特定の因果関係を見いだし、現象に働きかけようとするのは、あくまでも技術的な事柄なのです。

＊2　論理的な思考を行ううえで最も重要なのは、情報を整理することです

論理的に考える技術や論理的に伝達する技術については、たくさんの文献が出ているので、ぜひ一冊読んでみてください。いくつか

①同じ内容のくり返しはできるだけ避け、無駄な言葉は省き、必要なことをできるだけ少ない言葉で語れるよう工夫すること。
②それぞれの情報単位が、原因なのか、結果なのか、事例なのか、理由なのか、根拠なのか、その位置づけを明確にすること。
③途中に飛躍や矛盾がなく、全体的に整合性がとれているようにすること。

また、取り扱う情報の量が多い場合には、情報単位を階層化したり、全体の流れの中により小さな流れをいくつもつくったりする作業が必要となります。論理的な思考[*3]ができなければ、情報の矛盾を解決しながら考えを整理することや自分の考えを他人に伝えることはできません。論理的に考えることは、市民としての活動を成功させるために不可欠な技術であるといえます。

コミュニケーションの素養

既に述べたように、考えるということはとても重要なことです。しかし、何かを考えているだけでは何も変わりませんし、発展もありません。それと同じくらい重要なことは、他者とのコミュニケーション、すなわち自分の考えをまとめて表現し他者に伝えていくこと（書くこと、話すこと）と、また他者の意見を理解すること（読むこと、聞くこと）です。質の高いコミュニケーションを行うことで、より深く多面的に考えることやその後のステップに発展させることができるようになります。

の文献を紹介しておきます。
・『ロジカル・プレゼンテーション』高田貴久著、英治出版、二〇〇四年
・『ロジカル・シンキング』照屋華子、岡田恵子著、東洋経済新報社、二〇〇一年
・『考える技術・書く技術』バーバラ・ミント著、ダイヤモンド社、一九九九年
・『「分かりやすい説明」の技術』藤沢晃治著、講談社、二〇〇二年
・『「超」文章法』野口悠紀雄著、中央公論新社、二〇〇二年

＊3　論理的な思考ができなければ～他人に伝えることはできません
十分な論理をもたずに他

コミュニケーションの素養が培われてこそ、市民のあいだで社会問題を明確化することや優れた政策案を熟成させることが可能となるといってもよいでしょう。

[*4]コミュニケーションには、色々なスキルやコツがありますので、実用書などを調べたり、独自に工夫したりしてみてください。ここでは一つだけ書いておきましょう。自分の考えを効果的に伝えるうえで最も重要なのは、「論理的に伝える」ということです。これは、文章を書く場合、図を作成する場合、プレゼンテーションを行う場合であっても基本的には同じことです。物事を考えるコツと情報を伝達するコツとには、共通する部分がたくさんあるのです。[*5]論理的に考えることができなければ、効果的に情報を伝達することもできないのです。自分の考えを伝えることに十分な手応えが感じられないという人は、たくさんのことを伝えるよりも、情報を論理立てて整理し、わかりやすく、説得力のある質の高い情報に仕上げることに多くの時間をかけてみてください。厳しい言い方をすれば、説得力のない情報は、発信する意味がありません。情報を無駄に撒《ま》き散らすだけです。

【課題1】 自分の意見を伝えるためにブログを活用してみましょう。

社会に対する自分自身の意見を表現し、他人に伝達するためのメディアとして、[*6]ブログを活用してみましょう。

ブログの開設方法は、インターネット上を探せば簡単なガイドが見つかります。既にインターネットへのアクセス環境を利用する人であれば、ブログを開設することはすぐにできます。

人の考え方に影響を与えることができるのは、宗教か芸術、あとは恐怖や欲望などの本能に作用する刺激、あるいは洗脳技術くらいでしょう。これらは受け手の思考が停止しているかそもそも必要とされていないものですが、市民的社会活動においてはそういうわけにいきません。

＊4　コミュニケーションには～独自に工夫したりしてみてください
参考文献については、本節の＊2を参照。

＊5　論理的に考えることができなければ～時間をかけてみてください
とりあえずは、情報の重複や不足、ズレをなくし、

しかし、開設しても、自分の意見を他人に伝え、多くの人から支持を得ることは、それほど簡単ではありません。ひとりよがりの記述ではあまり参照してもらえません。自分の意見を受け入れてもらうには他人の意見にも耳を傾けることが重要となります。どのようにしたら効果的に伝えることができるか、コツを探ってみてください。

調査する能力

あることについて関心や疑問をもったとき、それについて調べることのできる能力を習得することはとても重要です。何かわからないことがあった時、それを曖昧《あいまい》なままにしたり、投げ出してしまったりすれば、せっかくの思考がそこで頓挫《とんざ》してしまいます。より深く知るためには、様々な資料や文献[*7]（Ｗｅｂ[*8]ページやメールマガジン、新聞、雑誌、法律、議事録、白書、データベースなど）を使いこなせるようになっておいたほうがよいでしょう。そのためには、どこにどんな情報があるかについてのイメージをもっておくことが重要です。忙しい毎日の中、日々生まれる膨大な情報のすべてに常に目を通すことは現実的に不可能ですから、必要が生じた時にいつでも調べられるようにしておくことが大切です。

また対象によっては、現場で直接調査したり、当事者にインタビューしたりすることが有効な場合もあります。このように自分が何かの現実を直接見聞きして得ることのできる情報を一次情報といいます。一次情報は、現実のある側面に対する実感をともなった深く確かな理解をもつことを可能とします。しかし、それと同時に、

それぞれの要素を全体の流れの中に配置し、途中に飛躍がないようにすることができればよいでしょう。飛躍があれば論理が途切れるわけですから、自分の考えを整理し直してください。

＊6 ブログ
ブログについては、「Ⅳ-5（2）」一五五ページ参照。

＊7 様々な資料や文献
インターネットや図書館、書店などで入手できる情報の他、情報公開制度を活用して必要な情報を請求するのも一つの手段です。情報公開制度の活用については、「Ⅴ-2」Ａｃｔｉｏｎ⑬参照。

現実の他の側面を十分に知らないまま問題を理解した気にさせてしまいやすいものであることも、意識しておいたほうがよいでしょう。もちろん、自分の大切にする存在のために、他の側面を知らないまま、何かを主張するということは許されるでしょう。しかし、他の人を説得し、多くの人から支持を得るには、他の側面からも十分な調査を実施したうえで、現実の他の側面にも配慮された提案を行うことのほうが、より大きな成果を挙げられる場合が多いことは知っておいてください。

これに対し、一次情報を参照し、独自の編集を施して作成される情報を二次情報、さらにそこから派生してつくられる情報を三次情報と呼びます。二次情報や三次情報は、一次情報よりも、客観的な情報、総合的な情報として組み立てることができます（もちろん、そうでないものもたくさんありますが）。しかし、一次情報に比べ、現実と乖離《かいり》してしまったり、当事者の実感が薄れて無味乾燥《かんそう》な情報となってしまったりする傾向があります。そして、そこに情報を作成した者の作為的な意図がこめられる余地があることも理解しておくべきです。

一次情報も、二次情報や三次情報も、長所と短所があり、実感をともなった確かな情報で、なおかつ総合的で客観的な情報を獲得することは、それほど容易ではありません。重要なのは、自分のもつ情報に欠けている側面がありうることを謙虚に受け止め、バランスよく知識を獲得していく姿勢です。

法律を読む力

法治国家では、社会のルールは法律で定められ、また政策の多くは法律を定める[*9]

＊8　Webページやメールマガジン　インターネット上の情報は、他のメディアと違い、情報の正しさを確認するしくみが存在しない場合もあり、なかには誤った情報や正確でない情報が多く含まれていることには注意が必要です。

＊9　法治国では〜実施されます　「Ⅲ‐2」の六九ページ参照。

＊10　いざ法律の条文を読んでみると〜やさしくつくられているわけではないのです　法律の条文をわかりやすいことばで表現しなおし、解説を加えた「口語刑法」

ことによって実施されます。市民は自分たちの社会のルールをより深く正確に理解し、また政策の良し悪しを判断するためには、法律を読み、理解する力を習得していることが期待されます。また、法律が守られないことが多くなれば、どんなに優れた制度も意味を失います。法律が守られない場合には、法に基づいてこれを正し、秩序を維持することが重要で、そのためにも私たちは法律を読み解く力をつけておくことが望ましいといえます。

ただ、いざ[10]法律の条文を読んでみると、その難しさに驚くばかりか、その量のあまりの多さに愕然《がくぜん》とすることでしょう。残念ながら、日本の法律は、一般市民が読んで簡単に理解できるほどやさしくつくられているわけではないのです。いくら自分たちの社会のルールを規定するとはいえ、一般市民が普段からこれを一通り把握しておくことは、ほとんど不可能です。だからこそ、法律の専門家の役割が重要となります。[11]市民は自分たちの生活の中で、あるいは社会的活動を進めるうえで、専門家の力を借りていかなければなりません。

しかし、特に自分が疑問をもち、変えたい制度があるという場合、まずは関連する法律を一通り理解しておく必要があります。何をどう変えればよいかを明確化することが重要であるからです。そのため、何か必要が生じた場合には、努力して何とか自力で法律を読み解くことのできる能力をもつに越したことはないのです。

一つひとつの法律には、それぞれ実現しようとしている価値があり、まずはこれを大まかに理解することが最初のステップになります。これを把握するには、各法律の第一章の「総則」や第一条の「目的」を素直に読めばよいのです。例えば、情

「口語民法」などの書籍も出版されています。しかし、厳密な定義や最新の条文を確認するためには実際の条文にあたらなくてはなりません。

＊11　市民は自分たちの生活の中で～専門家の力を借りていかなければなりません

これは法律に限ったことではなく、私たちは自分たちの生活の中で、あるいは社会的活動を進めるうえで、自らの能力や知識の不足を補うため、様々な分野の専門家の力を借りていかなければなりません。また時として専門家に求められる本質的な役割は選択肢をわかりやすく提示することです。しかしながら、すべてにお

報公開法の第一条の条文は、「この法律は、国民主権の理念にのっとり、行政文書の開示を請求する権利につき定めること等により、行政機関の保有する情報の一層の公開をはかり、もって政府の有するその諸活動を国民に説明する責務が全《まっと》うされるようにするとともに、国民の的確な理解と批判の下にある公正で民主的な行政の推進に資することを目的とする」です。これが法律の趣旨となります。

　ただし法律の実際の姿については具体的な条文の内容を読んだうえで、その意味を自分の頭で考えてみることが大切です。実際には、「目的」として示されたことと全く異なる意図が反映されている場合もよくあるからです。例えば、情報公開法では、その大半を開示手続きと不服申し立ての手続きを規定するために費やしています。これ自体は必要であることは間違いありません。しかし、作成された記録を一年以内に電子的に（主にインターネットを通じて）公開しなければならないことなどを規定しているアメリカの情報自由法（The Freedom of Information Act）と比較すると、あまりにも公開性の水準が低いことに気づきます。立派な建前とは裏腹に、実は手続きを面倒にしたり、手数料を請求したり、起訴を起こした際の費用の負担を強制したりしておくことで、なるべく情報を隠しておきたい行政の本音が反映されたものなのではないかという解釈もできるわけです。もちろん、この解釈は一例に過ぎませんし、他にも色々な考え方があるでしょう。

【課題2】　法律の条文を読み解いてみましょう。

　自分が関心のある社会制度を一つ取り上げ、そのルールを規定する法律を読

いて専門家の判断に従うことが必ずしも適切であるわけでもありません。

み解いてみましょう。

法律の条文はインターネットや図書館で調べられます。一つひとつの規定について、それがどういう意味をもち、なぜその規定が定められているのかを考えてみましょう。

ただし、多くの場合、法律の条文はとても長く、多岐にわたる内容について記述されているので、特に注目する部分に絞《しぼ》ったほうがよいかもしれません。

実際に法律を読むと、その中で他の法律の条文を参照していることもあります（「適用」または「準用」といいます）。その場合には他の条文も参照してみることです。わかりにくい場合には、その法律を解説する文章を探して、理解の手がかりにしてみましょう。

余裕のある人は、いわゆる「法の抜け道」が存在しないかどうか、考えてみてください。一つの法律をじっくり読み解くほどの時間と労力を確保するのが難しいという人は、様々な法律の第一章（主に総則が記載）または第一条（目的や趣旨などが記載）に目を通しながら、日本でどのような法律がどのような目的で設置されているのかを把握するだけでもよいでしょう。

社会調査に対する感覚を磨くこと

社会のあり方を考えることは市民にとってとても重要なことですが、社会がどういう状況にあるかを知るにはどうしたらよいのでしょうか。社会の中で、ある考え方をもつ人がどのくらいいるのか、ある経験をもつ人がどのくらいいるのか、といったことを調べるために、私たちは「社会調査」という方法を使います。社会調査とは、例えばアンケートやインタビューなどの方法で人の考え方や経験についての情報を集め、これを分析するというものです。社会調査を使わなければ、私たちは社会のことを的確に把握することができません。

ただ、社会調査には大変大きな危険が潜んでいることを私たちは理解しておかなければなりません。例えば、計測器を使ってある物体の成分を調べるという場合には、手順さえ間違わなければ、誰がやってもほぼ確実に正しい結果を得ることができます。しかし、社会調査の場合、そうではありません。ちょっとした言葉遣いや、調査対象者の選び方、選択肢のつくり方、調査担当者のスキル、調査の方法、分析の方法などが少し異なるだけで、全く違った結果が得られてしまうからです。

現実的には、社会について完全に正確なことを知るのは不可能なことで、ほとんどの調査において何らかの欠陥や限界をみつけることができます。したがって、社会調査においてはどれだけ間違いの程度や可能性を小さくできるかが重要になります。社会調査には、そのために気をつけるべきことがいくつもあるのです。

残念なことに、実際に行われている社会調査の中には、こうしたことが無視されているものがあまりにもたくさんあります。[*12]その理由は、実施者の技術不足か故意的判断によるものですが、特に悪質なのは故意的判断によるもので、例えば、実際には反対者が多い物事がさも社会的に支持されているように見せかけ、これを政治的に利用するといったことが頻繁に行われています。それは、政府やマスコミ、シンクタンク、大学教授、ＮＰＯなどが実施する調査においても同じことです。

＊12　その理由は～頻繁に行われています

実施者の技術不足か故意かを区別することにあまり意味はありません。実際には、どちらであるか、当事者ですら理解していないか、明確にすることを放棄している場合もたくさんあります。予算不足で信頼できる結果が得られない場合も、そのことを隠そうとすれば故意的判断の範疇《はんちゅう》に入るでしょう。

『統計でウソをつく法』（ダレル・ハフ著、高木秀玄訳、講談社ブルーバックス、一九六八年）参照。

＊13　メディア

メディアについては、「Ⅲ・2」の七八ページ、「Ⅲ・3」の九二ページ参

したがって私たちが大切にしなければならないのは、私たちの目にするどの調査が、どのような意図で実施され、またどの程度信頼できるものであるかを見極める感覚をもつことです。信頼できる調査を実施するのは大変高度なことですが、いい加減な調査を見抜くことは比較的簡単にできることなのです。

メディアの視点

人間は自分が入手する情報に基づいてしか考えることはできません。その時メディア[*13]は重要な役割を果たしてくれます。しかしながら、メディアは必ずしも適切な情報ばかりを提供してくれるわけではないことを忘れてはなりません。

メディアは、単純に考えても、視聴者をめぐる市場とスポンサーをめぐる市場の影響を受けていることがわかります。

まず、少しでも多くの視聴者を得るために、視聴者の関心を満足させ、視聴者に楽しんでもらわなくてはなりません。そのため、メディアは[*14]、視聴者の注目を集めそうな情報を選び、脚色を加え、ストーリーをつくり、印象深いものに仕上げたうえで報じることが求められます。

また、十分なスポンサーを獲得するためには、スポンサーの気に入らない情報をなるべく流さないようにするのが基本です。例えば、自動車メーカー[*15]からの資金提供を期待する番組であれば、環境税を褒めたたえるような情報を簡単に報じることはできません。大規模な場合[*16]には、番組だけでなく、そのメディア全体に対する圧力がスポンサーなどから働くこともあります。そのため、社会にとってどんなに重

照。

*14 メディアは〜報じることが求められます
例えば、一年間の刑法犯認知件数は二八五万件以上ありますし（二〇〇二年、警察白書による）、自殺者数は三万二〇〇〇人を超えていますが（二〇〇三年、厚生労働省人口動態統計による）、そのうちニュースで報じられたのはごくわずかに過ぎません。取り上げる事件の選定においては、視聴者の関心をどれだけ刺激することができるか、という点が重視されます。

要な情報でも、それが必ず報じられるとは限りません。本書の内容でさえ、出版社の事情で削除されてしまっている内容があるかもしれないのです。

　また、メディアに対して情報を提供する側の視点に立って考えることも重要です。情報を提供する側は、すべての情報が伝達されるのを望むわけではありません。伝わって欲しくない情報が報道されないよう（思い通りの情報が報道されるよう）、色々な方法で記者と交渉や取引をすることもあります。伝わって欲しくない情報を伝えたメディアや記者に対しては、次回から情報提供の場から締め出すこともできますし、経済的にまたは法律的に追いつめたり、時には様々な手段で圧力をかけたりすることさえありえます。逆に、思い通りの情報を伝えてくれる記者に対しては、いち早くスクープ・ネタを提供したりします。閉鎖的な記者クラブ制度が政治的なプロパガンダ[*17]の温床となっているという批判もずっと以前から存在します。記者は、自分が知ることのすべてを書くあるいは書けるとは限らないのです。

　メディアは、多くの人に情報を伝達するという公的な役割を果たしますが、あくまでもビジネスなのです。必ずしも公的なガバナンス[*18]が働いているわけではありません。私たちは、メディアの役割だけでなく、そのビジネスとしての成り立ちを理解することにより、メディアが情報のフィルタとしてどのように働くのかについて学び、メディアから伝えられる情報が偏向する可能性があることを常に意識していることが望ましいといえます。

　ただし、何もメディアからの情報を斜に構えて受けとめることを勧めているわけではありません。特定のメディアからの情報を無条件に信じるのではなく、常に批

＊15　自動車メーカーからの～簡単に報じることはできません
もちろん、環境税に関する報道がなされないということではありません。しかし、報道がなされる場合においては、それに対してプラスの印象を与えるのではなく、「しかし、経済停滞を招きかねないという、産業界からの強い反発があり、時期尚早との見方も……」といった側面が強調されることになるのです。

＊16　大規模な場合には～必ず報じられるとは限りません
メディアには自由に報道することができないとされるタブーがあります。どんなに重大な事実を知ってい

判精神をもちながら、色々な情報源に目を向け、様々な意見に耳を傾けながら、自分にとって何が最も真実味のある情報であるかについて考える、そういう姿勢をもつことが重要なのです。

【課題3】 各メディアからの情報を比較してみましょう。

自分の特に注目しているニュースを一つ取り上げ、そのことを各種メディアがどのように伝えているかについて、調べてみましょう。

新聞、雑誌、テレビ番組、インターネットのニュース・サイトなどが伝えているニュースを色々な基準で比較し、それぞれの特徴を整理してみましょう。外国語の得意な人は、海外のメディアについてもみてみましょう。

メディアごとに、明らかな特徴が浮かび上がってきた場合には、なぜそういう特徴が出てくるのか、考えてみましょう。

できれば他のニュースについても同様のことをくり返し、各メディアから伝えられる情報の特徴や、どのようなフィルタが働いているか、についてつかんでみてください。

権力者や既得権保持者の視点

社会を維持するためには、政治上、行政上、または経済上の様々な役割の担い手が必要となります。なかには、通常の個人や組織よりもはるかに大きな権限が与えられる者もいます。例えば、議員や官僚、公務員、裁判官などの個人や、行政組織

ても、ジャーナリストは、ある特定の分野に関しては、それを自由に報道することが許されないことがあるのです。

＊17 プロパガンダ
「特定の観点を受け手に伝達することであり、その最終的な目的は、受け手がその立場があたかも自分自身のものであるかのように『自発的に』受け入れるようにすること」である（A・プラトカニス、E・アロンソン著『プロパガンダ』誠信書房、一九九八年）。

＊18 ガバナンス
「I・1」の一五ページ参照。

やその外郭団体などの組織が挙げられます。こうした特別な権限は、彼／彼女らがその役割を果たすうえで不可欠なものですが、一方では、本来の趣旨から外れ、私的な目的を果たすために使用される恐れもあります。私的な目的で使用された場合には、社会は著《いちじる》しく大きな損害を被《こうむ》ることになります。

社会がうまくいくかを左右する重要な要素の一つは、特別な立場にある人の権限[*19]や義務を規定する制度が健全に機能するものであるかという点にあります。政治や権力を監視し、そのあり方を考えることは、市民が最も注意を注ぐべきことの一つです。その最も効果的な方法は、それぞれの役割の担い手の立場に立って考えてみることです。一つには、その求められている役割を果たすためにどんな権限が必要かについて、もう一つは、自分がその権限をもっていたら個人的な利益を得るためにどんな発想をもつかについて考えてみましょう。それができれば、どういう制度を目指すべきであるかについて考えることができるでしょう。

この時、性善説[*20]的な考え方に立つことは禁物です。仮に権限をもつほとんどの人が善人であったとしても、一〇人に一人、あるいは一〇〇人に一人だけ悪人が混じっているだけでも、すぐにうまく機能しなくなってしまうのが、システムあるいは制度というものです。だから、もし自分が権力を有する悪人であったらどうするか、という性悪説の視点で考えなくてはならないのです。それでも悪事を働ける可能性が見つからないような制度になっていれば、うまく機能する制度であると期待しても構わないといえるでしょう。

＊19　特別な立場にある人の権限や義務を規定する制度

実は、これは「統治」のあり方という、社会にとって最も重要な議論であり、国の最高法規である憲法においても最も多くの条文を割いているテーマです。もちろん、憲法において決められているのは最も基本的な点のみであり、実際の社会的役割の担い手の具体的な権限や義務は様々な法律において規定されています。

＊20　性善説

性善説とは、人間の本性

【課題4】　権力者の視点から法の抜け道を探してみましょう。

政治資金規正法、公職選挙法、国家公務員法など、特別な権限を有する立場にある者（権力者）の癒着《ゆちゃく》や私的利益の追求を規制する法律のうち、どれか一つ自分の興味がもてるものを取り上げ、権力者側の視点に立って、自分の私的利益を追求するために法の抜け道がないかどうか、探してみましょう。

ただし、これらの法律はとても長いので、事前の下調べをして、制度上の鍵となる条文に焦点を絞っておいた方がよいでしょう。可能ならそれに対する専門家の見解も聞いてみてください。

公益性を増進する発想

市民活動というと、社会的弱者を支援したり、権力に対抗したりする活動であるという印象をもつ人が少なくありません。しかし、常に弱者の視点に立って権力に対抗するのが市民活動であるというわけではありません。もちろん社会問題の当事者の声は声として伝えられるべきですが、単に自分たちに不利益が生まれるからといって、公益性の高い政策の推進を阻止しようというような反対運動は、必ずしも望ましいものとはいえないかもしれません。成熟した市民社会においては、私たちは単なる利害の対立を越えて、全体の利益（公益）を増進しながら、その調整をはかるという発想が求められます。

例えば、ごみ廃棄施設、刑務所、軍事基地など、ＮＩＭＢＹ[*21]（ニンビー）と呼ばれる状況においては、利害調整を慎重に行う努力が必要となります。そうした場合

は善であるとした孟子《もうし》の説。孟子は、人間は誰でも、哀れみの心、悪を憎む心、人に譲る心、善悪を判断する心をもっており、これを養い育てることによって仁・義・礼・智の四徳が実現できるとし、仁義に基づいて統治をはかる王道を説きました。一方、性悪説とは、人間の本性は悪であるとした荀子《じゅんし》の説。荀子は、人間は生まれつき利己的で嫉妬《しっと》心が強く、本性のままに行動すれば争いや憎しみが絶えず社会が混乱するとし、礼によって統治をはかる礼治主義を説き、後の法治主義の思想に影響を与えました。

には、まずその政策の公益性が高いかどうかについて判断し、公益性が十分であるなら、その政策を最も少ない犠牲で効果的に実施する方法を模索し、犠牲を被る人への十分な補償を実現することで、全体の利得向上をはかるという発想が求められるのです。

【課題5】 ＮＩＭＢＹ問題の解決について考えてみましょう。

あなたの身近なＮＩＭＢＹ問題を探してみてください。そして、最も少ない犠牲でそれを実現するにはどうしたらよいか、考えてみましょう。

犠牲に対して何の補償もなされないようでは、犠牲を受ける当事者はおそらく納得しないでしょう。どのような補償を準備すれば、当事者は納得するでしょうか。補償が小さ過ぎれば納得は得られませんし、大き過ぎればみんなの負担が増大してしまいます。もし、関係者全員が喜んで受け入れる解決を考えることができれば成功です。

しかし、何もしないのに比べて損をするという人が少数でもいれば問題は残ります。実際の生活環境の中でＮＩＭＢＹを解決するよい案が見つかったら、早速実践してみてください。

＊21 ＮＩＭＢＹ（ニンビー）

ＮＩＭＢＹとは、"Not In My Back Yard"（私の裏庭にはおかないで）の略。社会に必要な存在であっても、自分の近くにはおかないでほしいと誰もが思うものごと。例えば、刑務所やごみ処理施設などの施設の他、難民受け入れなどの施策に対しても用いられます。

『ＮＩＭＢＹシンドローム考　迷惑施設の政治と経済』（清水修二著、東京新聞出版局、一九九九年）参照。

Ⅴ-❷ 行動を起こそう

これまでに考えてきたことをもとに、市民として行動し、社会に参画する実践的な方法についてみていきましょう。

これまで考えた社会の成り立ちや、そこにおける市民としての自分の役割など、市民のリテラシーについて学び考えてきました。そのことからもわかるように、民主主義社会では、私たち一人ひとりが市民として考え、場合によっては社会に働きかけたり、さらにその社会の枠組みや制度を変えるということ、つまり「行動を起こすこと」が必要であることがわかったと思います。

「行動を起こすこと」とは、より具体的にいえば、考えたことを伝えたり、実践したりすることになります。その方法には様々なものがありますが、ここでは大きく分けて、既存の制度を活用して行政などを「動かす」ことと、新しいしくみとして自分たちで「起業する」ことの二つの方法を紹介します。

でも、その方法を行う前に、しなければならないことがあります。それは、「調べる」ということです。別の言い方をすれば、この「調べる」ということは、「行動を起こす」ということの一部、その初期段階ととらえることもできます。この「調べる」は、前節の「自ら考えること」とも若干重なりますが、ここではあくまでも

「行動を起こす」ということを前提に、簡単に述べておきたいと思います。

行動を起こす前に、まずは「調べる」ことから

問題を感じたらすぐ動く、というのは、瞬発力としては優れていても、継続的な取り組みを求められる時の持続力の礎《いしずえ》としては、十分なものではありません。感じたことを確かめるために、調べることも大切にしましょう。

調べるとは、①さがすこと、②かぞえること、③くらべること、④たずねることの四つの組み合わせを指します。

①さがす

まず、感じたことを確かめるために、自分が考える問題に関係する現行の制度や事例について、事実をさがしましょう。現行の制度ができた背景や経緯を確かめたり、このまま続ければどうなりそうかを予測するとともに、変更すべき点と継続すべき点を明らかにしましょう。また、現行の制度よりも優れた成果を挙げている事例をさがし、その事例が可能になった要因も明らかにしましょう。

例えば、ある公共の施設を利用するために予約が必要な場合、その予約の受付開始が平日の日中であれば、高校生にとって不利だといわざるをえません。そこで「不利だ」と苦情を言うことも大切ですが、それと同様に、現在の受付制度がどのような理由で始められたのか、なぜ他の方法にしないのかをたずね、サラリーマンなど自分と同様に困っている人が他にいないかを考えてみるのです。そして他の自治

体で人気が高い施設では、どのように予約を受け付けているかも、調べてみるとよいのです。

②かぞえる

問題を数字（量）でとらえると、その重要なポイントがみえてくることが多々あります。

まず、自分が問題とする事柄に関《かか》わる数字（量）がないか考えてみましょう。数字（量）を把握するために、かぞえましょう。その問題に関わる人たちの数や、その問題が起きている時間・件数など、単位が付いているものは、まずかぞえてみましょう。ここで重要なポイントは、その問題の全体像を、概算してみることです。目の前にある問題は、その一つを解決すれば済むのか、同じことを一〇回くり返せばよいのか、それとも一〇〇回くり返さねばならないのかによって、対策の体制はまったく違ってきます。このため、いくつかのサンプルから発現率を算出し、そこから全体の数を推計することは、自分たちの体制を整えるだけでなく、行政や企業への提案の説得力を増すうえでも、とても重要です。

全体像の概要が見通せるようになったら、対策が必要とされる全体数から、現在ある数を差し引いて、不足している数を算出することができます。こうして、どの問題に、どれだけ取り組めばよいのかを、具体的に示すことができるでしょう。

例えば、前出の施設の申し込み方法の例の場合、予約の受付開始日のうちに全体のどの程度までが予約で埋まっているか、予約している団体に偏《かたよ》りはないかなどを調べてみるのです。また、週末や祝日に申し込みした団体に連絡し、本当に予約したかった曜日・時間帯や時間数をたずね、自分と同様に困っていると思われる人たちの数と、「現在の制度のために申し込みできなかった時間の量」を、推計してみるとよいのです。

③くらべる

続いて、時間や場所、タイプごとにくらべてみましょう。過去と現在をくらべたうえで未来の見通しを立てたり、異なる地点や異なる志向のグループなどを対比すれば、その違いの原因や背景を知り、比較することで、起こりうる様々の事柄がより明確となり、今後どういうことが起こりうるかという予測をより具体的に行うことができます。

例えば、自分が生まれ育った町で就職したいと思った時に、町の産業の担い手であるはずの商店街に活力がないと感じたら、他の地域の商店街と何が違うのか、店のタイプや買う人のタイプ、曜日・時間帯別の通行量や、大きな買い物袋を持っている人の数などを、くらべてみるのです。

④たずねる

最後に、自分が問題と考える事柄に関わる相手にたずねましょう。相手から得られる情報の量や質は、こちらがどれだけ準備できているかで、決定的に違います。その人からでなければ得られない情報について、五つ以上の質問を用意するなど、相手から情報を引き出す工夫を怠らないようにしましょう。

前出の商店街の例の場合、その商店街では、どんな人が、どんなものを買っていて、その人たちが「こんなものもあるとうれしい」と考えているものをたずねてみるのです。また、近くに住んでいながら商店街では買い物していない人に、主にどこで買っているのか、商店街で買っていないのはなぜかも、たずねてみるとよいのです。

以上の四つの組み合わせによる「調べる」ことについて、次ページで表にまとめておきます。（表1）

表１　調べる（①さがす、②かぞえる、③くらべる、④たずねる）

①さがす → 事実として確かめる。 ・現行の制度を、多角的に見つめてみる。 → 現行制度ができた背景や経緯を確認する（何がきっかけで、どういう流れで？）。 現行制度がこのまま続けば、どうなりそうかを予測する。 現行制度の変更すべき点だけでなく、継続すべき点も明らかにする。 ・事例と成功要因を確認する。 → 現行制度より優れた成果を挙げている事例はないか？ その事例を可能にした要因は何か？
②かぞえる → 量として把握する。 ・単位のついているものは、まずかぞえてみる。 （例：人数、時間、件数、個数、金額、面積） ・全体像を概算する。 → いくつかサンプルを設定し、そこでの発現率から、全体の数を推計する。 ・不足数を逆算する。 →（必要とされる全体数）－（現在ある数）＝（不足数）
③くらべる → 時間、場所、タイプごとに比較する。 ・過去・現在と未来をくらべる。 （例：５年前 → ３年前 → 今年 → ３年後 → ５年後の推移） ・異なる地点・場所をくらべる。 → 特に対策が必要な地域を、ホットスポットとして示す。 ・特徴や属性ごとにくらべる。 → 特に傾向が強いグループと、そうでないグループとの差は？ 差の原因・背景は？
④たずねる → かぞえにくい、くらべにくいものは、相手に聞いてみる。 ・誰に（どんな属性の人たちに）、何をどうするためにたずねるかを明確に！ （例：成果を挙げている人に、他団体との違いを指摘しつつ、なぜ違う方法で行っているのか、その工夫に気づいたのはいつ、どういう理由かをたずねる） ・アンケート → 自由な感想ではなく、改善のためのヒントをもらう。 ・インタビュー → その人にしか話せないことについての質問を、事前に５つ以上準備しておく。 現行制度の担当者にも、意見（言い分）を聞いてみる。

●これまでの制度を活用して、議会や行政などを動かそう

調べることを通じて、自分たちの意見や提案の根拠となる事実を明らかにしたら、まず既存の制度を活用して、議会や行政などを動かすことを試みましょう。

①選挙や住民投票に参加しよう

市民の直接的な政治参加行動として、もっとも一般的なのは、選挙での投票です。国会（衆議院・参議院）や都道府県・市区町村議会の議員や、知事・市区町村長（首長といいます）を選ぶ選挙への投票権は、日本国籍をもつ二〇歳以上の人たちに認められています。

また最近では、市町村合併の可否など、自治体単位の重要な問題について、住民投票を実施するケースが増えていますが、住民投票に限って[*1]、有権者を未成年にも拡大する自治体が増えています。

投票に行かない若い有権者が多い理由として、「関心がもてない」ことが挙げられています。関心がもてない理由として、自分が投票しても決定に影響を与えられないという、当事者感・責任感が実感できないことと、自信をもって判断できないという、根拠の蓄積の不足が挙げられるでしょう。その二つを補うためにも、前述のとおり、社会の様々なことがらについて、調べる機会を増やすことが大切です。

＊1　住民投票に限って～自治体が増えています

愛知県高浜市や滋賀県長浜市などには、一八歳以上の住民に住民投票の資格を認めています。

この他、若者の政治参加については特定非営利活動法人ライツのホームページ（http：//www.rights.or.jp/）をぜひ参照してみてください。

②政策を評価し、質問し、提案しよう

政策の内容や進め方、その成果などについて疑問や問題を感じたら、政策を評価し、改善を提案することも必要です。

最近では、行政改革の一環として、政策・施策や事業・事務の評価を行う行政機関が増え、国でも二〇〇〇年一月の省庁再編の際に、各省に政策評価を担当する部署を設けています。これらの行政機関が自《みずか》ら実施した政策評価報告書*2を見るとともに、自分たちでも、政策を評価してみましょう。

政策の評価の基礎は、その政策の「目的（なぜ、何のために?）」、「手法（どんなことを、どういう流れで?）」、「担い手（誰が?）」、「費用（いくら払って、いくらもらって?）」、「成果（目的はどれだけ達成され、何が達成できず、どのような副次的な効果や逆効果が生じたか?）」を確認することから始まります。

政策が成果として所期の目的を達成できていなかったり、手法や担い手などが適切でなかったりする場合には、なぜそうなってしまったのかを、省庁や地方自治体などの各政策の直接の担当や政策評価の担当部署に質問しましょう。その際、必ず事前に質問をリストアップし、どういう順番で確認していけば、はっきりわかるかを整理しておきましょう。担当者を訪問して、直接お話をうかがう場合にも、必ず事前に、質問の要旨をリストにしてお送りしましょう。

また、質問と回答をまとめて、議員（衆議院・参議院議員、都道府県・市町村の各議会の議員）に送付し、考えをたずねたり、政策として提案する方法もあります。

＊2 政策評価報告書
例えば、外務省（http://www.mofa.go.jp/mofaj/annai/shocho/hyouka/index.html）、経済産業省（http://www.meti.go.jp/policy/policy_management/index.html）、青森県（http://www.pref.aomori.jp/gyosei-hyoka/index.htm）など各省庁・都道府県が、政策評価報告書などを開示しています。

表２　政策評価は、何を確認すべきか

項目（確認すべきこと）	どのように確認する？
①目的 ・なぜ、何のために？	・法令や予算の主旨（趣意書） ・事前に行われた調査結果 ・審議会・検討委員会などの議事録 ★その目的が現在や今後、どう変化しているかも確認しよう。
②手法 ・どんなことを、どういう流れで？	・計画書
③担い手 ・誰が？ ・その選考の基準と手続きは？	・実施者のホームページ ・実施者の募集要項 ・選考機関の議事録
④費用 ・準備・運営に、いくら払った？ ・利用者からは、いくらもらった？	・収支報告書 ・利用者向けの案内 ★他地域の同種の事業と、対比してみよう。
⑤成果 ・目的は、どれだけ達成された？ ・目的のうち、達成できなかったことは？ ・想定外の副次的な良い効果は？ ・想定外の逆効果は？	・事業評価報告書 ・利用者アンケートの集計結果 ★利用者に直接、ヒアリングしてみよう。 ★自分も利用してみよう。

新しいしくみとして、自分たちで起業しよう

①キャンペーンやプロジェクトとして

すでに継続的に活動している団体の呼びかけに応えて、参加する方法もありますが、独自の切り口から取り組む主体的な担い手として、自分たちでキャンペーンやプロジェクトを始めるという方法もあります。

キャンペーンとは、「○△しよう!」と広く市民に呼びかけるもの、プロジェクトとは、期限を定めて、呼びかけるだけでなく多様な手法で、課題の解決や理想の実現のために取り組むことを意味します。

キャンペーンやプロジェクトを企画するうえで、「盛り上がるかどうか」もポイントの一つですが、最も重要なのは「その効果が継続するか」ということです。例えば文化祭・学園祭の期間中のゴミの分別を進めて、リサイクル率を高めようというテーマに取り組む場合、キャンペーンの目玉イベントとして、そろいのバンダナを着けた「分別サポーター」数十名が一斉に協力を呼びかけている間だけ、分別がうまく進んでいるようでは、本来の成果を挙げているとはいえません。随所にポスターを掲示したり、ゴミ箱に実物見本を展示するなど工夫し、その場に人がいなくても、自分自身で気づき、判断し、行動できるようにうながすことが、キャンペーンやプロジェクトのゴールです。

行政や企業の行動を変えるための手法としては、デモ行進をしたり、抗議の手紙を送ったり、署名を集めたり、記者会見を開いたり、関係する企業の製品・サービ

スの不買運動をしたりといったものもあります。ここで述べてきたのは、[*3]市民の注目を集めやすい活動を行うことによって、より多くの市民の共感や賛同を獲得しながら、それを背景にして、行政や企業に行動の変化を迫るアプローチです。さらに、これとともに有効なアプローチとしては、[*4]行政や企業に対して具体的で現実的な改善の流れを提示し、その実践を支援することによって、行政や企業の行動の変化をうながすことです。

②活動を継続する組織をつくろう

短期間のキャンペーンやプロジェクトで終わってしまうのではなく、活動を継続するためには、その主体となる組織をつくる必要が生じることもあります。その一つが、新聞などで目にする機会が増えてきた「NPO」[*5]です。それは、Non Profit Organizationの略で、非営利組織という意味です。

組織とは、目的を共有する人々の集まりです。何のために、つまり、どういう状況を実現するために、どのように活動するか。そのために、自分はどう関わるのかを、各自が確認したうえで発足し、その後も一年ごとといった節目を設けて、社会状況や目的の確認をし、時には目的や目標を修正しながら、運営する必要があります。運動会や文化祭のように、期日の決まっている行事のための実行委員会は、「行事をこんな素晴らしい場にするために、あと何日しかないけど、全力でがんばろう！」と、求心力や一体感が生まれるのに対し、なんとなく始まったサークル活動には、そのうち誰《だれ》も来なくなってしまうのは、目的の共有ができているか／いない

＊3　市民の注目を集めやすい活動を行うことによって~行動の変化を迫るアプローチです

このように、声を上げていることを市民に示しながら、行政や企業に変革を迫ることを、筆者は「ラウド・アドボカシー」（声の大きな提言活動）と呼んでいます。

＊4　行政や企業に対して具体的で現実的な改善の流れを提示し~行動の変化をうながすことです

このように、声を上げていることを市民に示さずに、行政や企業の実質的かつすみやかな変化をうながすことを、筆者は「サイレント・アドボカシー」（声の小

かの差があるのです。

団体やイベントの企画・運営とスポーツとの共通点は、「目標を高く掲げるのはよいことだが、最初から大きなことに挑むと、チームが育つ前に人がつぶれてしまう」ことです。

いくらよい目的のために活動を始めても、達成感や充実感が得られないと、人間は活動を継続できません。団体として長く継続するための一つのポイントは、発足当初に、どんなに小さくてもよいので成果をメンバーが実感し、それを人に伝えたいと感じることです。その小さな達成感や充実感が、新しい仲間への扉を開くとともに、自分や組織の次のステップに挑む意欲を高めてくれることでしょう。

賃貸や委託など、契約書を交わす必要が生じる場合には、団体が法人であることが求められることがあります。そのような場合には、いくつもある法人制度の中から、自分たちにあった方式を選ぶことになります。

クラブ活動やサークルなどの一般的な団体には、私たち個人（法学的な用語で「自然人」といいます）と同様に契約を結ぶ法的な資格や権利はありません。しかし個人と同様に、一定の要件を満たす団体には、法律に基づいて、自然人と同様に人格を認め、法的な資格や権利をもてるようにしよう、というのが法人制度です。代表的なものとしては、民法・商法に基づく株式会社や、民法に基づく財団法人・社団法人、私立学校法に基づく学校法人、そして一九九八年に施行された特定非営利活動促進法（通称ＮＰＯ法）に基づく特定非営利活動法人（通称ＮＰＯ法人）があります。

ＮＰＯ法人になるためには、会員が一〇名以上、役員が四名（理事が三名、監事が

さな提言活動）と呼んでいます。

＊5　ＮＰＯ
ＮＰＯの社会的な意義については、「Ⅳ・4」の一四一ページを参照。

一名）以上、明文の会則や事業計画など、団体として継続的に運営するための最小限の条件を整えて、都道府県や内閣府に申請すれば、法人としての認証を受けることができます。これは、継続的に公益的な活動を行う団体に、法人格を認めるべきだという市民の声が、阪神・淡路大震災を契機に広く認められるようになり、①届出に近いゆるやかな条件で、かつ、②書類が整っていれば原則として認めなければならない認証という制度、つまり行政が認可について裁量権をもたない制度のもとで、運営されるようになったものです。

【課題1】 あなたは投票に行きたいですか。それは、なぜですか。

【課題2】 あなたの友人で、投票に行きたくない（行かない）と言っている人に、投票を呼びかけるために、どういうことを説明する必要があるか考えてみましょう。

【課題3】 あなたが「未成年の喫煙《きつえん》を防止しよう」と感じ、キャンペーンを始めたいと考えたとします。では、どんなタイミングで、どんな方法で、どういう内容のメッセージを呼びかけると、最も効果的か考えてみましょう。

視点をかえて模擬選挙をしてみよう

◆何のために行うの?

模擬選挙を行う目的にはいろいろあります。選挙制度のしくみを知るために学校の授業などで行ったり、未来の有権者となるために学校や地域などで社会参加プログラムの一環として行ったりすることがあります。

ここでは、有権者として投票する意義を考えることはもちろん、同時に投票対象である立候補者（被選挙権者）をより深く理解するために、視点をかえて立候補者の立場に立った模擬選挙をしてみましょう。

◆模擬選挙の主な構成は?

①想定する模擬選挙のしくみを知る。

②政策比較をし、自分のマニフェストをつくる。

③地盤・看板・かばん（支持基盤・知名度・資金のことで、三バンともいいます）をどうするか考える。

④模擬選挙運動・模擬投票を行う。

⑤当落後の支持者やマスコミの想定インタビューに答える。

⑥事後、模擬選挙をふりかえって学んだことや感想をまとめる。

◆どんな方法や手順で行うか?

①選挙に立候補するために知っておかなければならない選挙のしくみを調査し、「立候補者のための選挙制度ガイドブック」をつくりましょう。作成にあたっては、本やインターネットだけではなく、直接、選挙管理委員会や議員を訪問するインタビュー調査を行います。

②マニフェストについては、「Ⅲ‐3」のＡｃｔｉｏｎ⑦を参照してみましょう。

③候補者は、しばしば三バンもなく立候補したということがありますが、複数の議員や落選した候補者へのインタビュー調査をして、支持基盤・知名度・資金の程度の実際などをつかんでみましょう。

④模擬立ち合い演説会・模擬政見放送などで政策やマニフェストを説明し、また、選挙管理委員会から実際の投票箱を借りて模擬投票をしてみましょう。

⑤インタビュー調査をもとに当選または落選後の挨拶や所信表明を述べてみましょう。

◆終わった後が大事!

模擬選挙の体験をもとに、同じく模擬選挙に参加した方々と議論して、その利点や問題点について話し合ってみましょう。また、選挙について自分の意見や提言を新聞に投書し、実社会に発信してみましょう。

納めている税金はいくら？

あなたが一年間に納めている税金がいくらか、考えてみましょう。まずはヤマ勘《かん》で、紙に金額を書いてみましょう。思い浮かべるだけでなく、書くことが大切です。家族で当てっこしてもいいですね。

さて、それでは計算です。

1　サラリーマンやパートの方は、一年分の給与明細書で確認しましょう。ボーナス分も忘れずに。自営業の方なら、税金の申告書がありますね。

2　消費税の計算は、家計簿をつけている人でも厳密にするのは大変なので、一年間に使ったおよその金額の一〇五分の五と考えてみてください。

3　固定資産税・都市計画税、自動車税などは役所から毎年きている通知で金額を確かめてみてください。

4　国民健康保険料は地域によって、「国民健康保険税」と呼ぶところもありますが、社会保険を税金と区別することにして、今回は計算に入れないでおきましょう。

5　他の間接税の主なものとして、酒税、たばこ税、ガソリン税も入れましょう。

ビール三五〇ミリリットル缶なら七八円、清酒一・八リットルパックなら二五三円、たばこ一箱なら一五七円が税金です。あなたの消費量はどのくらいでしょうか。またガソリン税は、一リットル当たり五四円。給油量から計算してみてください。

6　他にも税金の種類はありますが、だいたいこのくらいでよいでしょう。さあ、計算ができたら、予想した金額と比べてみましょう。いかがですか？　結構まとまった金額になったでしょう。

もし、あなたが納めた分はあなたが使いみちを決められるとしたら、社会のためにどのように使いますか？

実際、自分で使いみちを決めることはできませんが、有権者は、「使いみちを決める人＝議員」を選挙で選ぶことができるのです。今計算した金額を現金でイメージしてみましょう。「このお金の使い方は、あなたにお任せします」と、託《たく》せる人を選んでいますか？

議会と行政と税金について考えよう
（「朝食のおかず」のワークショップ）

1　仲間と旅行に来ています。朝食は次のような和食バイキングでした。あなたならどんな組み合わせを選びますか？　いくつでも選んで書いてください。

焼き魚　たまご焼き　納豆　明太子
だいこんの煮付《につけ》　青菜のおひたし　ごはん
みそ汁　つけもの　佃煮《つくだに》　のり

2　さて、今書いた紙をふせて、今度は隣の人の好きそうなものを選んで書いてください。

3　では、実際に隣の人が最初に何を選んでいたか、書き出したものを比べてみましょう。いくつか一致していましたか。

人の好みや価値観は千差万別で、推し量ることは難しいものです。実際には、「支払う金額は同じなのだから全種類取らなければ気がすまない」と言う人もいるし、「好き嫌いがあるから数種類でいい」と言う人もいます。また、出されたものは何でも食べる人もいれば、味付けや添加《てんか》物にこだわる人もいます。さらに、たくさん食べる人もいれば少食な人もいます。なかにはアレルギーや食事療法中のために、食べてはいけないものがある人もいるかもしれません。

4　翌朝分は、今朝のバイキングメニューの中から選んだ統一メニューにします。そこで、これからグループごとに統一メニューを作ってください。できるだけメンバーの希望をとり入れながら、残飯が出ないような組み合わせにしましょう。

「朝食に納豆は欠かせない」という人と「納豆なんて見るのも嫌」という人がいた時、どう話し合ったらよいでしょうか。「食べ物が無駄になる」か「払うお金が無駄になる」か、折り合いをつける方法を考えてみてください。

グループで統一メニューができたら、他のグループと比べてみましょう。数グループを合わせて統一メニューを作るときには、どんなことが起こるでしょう？

最後に、支払う朝食代を税金、朝食の内容を公共施設や公共事業などの行政サービス、統一メニューを決めた話し合いを議会と置き換えて考えてみましょう。

裁判ウォッチングに行こう

◆裁判ウォッチングに行く前に

一般に何の予約もとらずとも裁判所に行って受付にある本日の裁判一覧を見て決めたら、そのままその法廷の傍聴席に入れれば傍聴できます。傍聴者がたくさん集まる有名な裁判でないかぎり、あなたの希望はすぐにかなえられます。グループなどで目的を絞《しぼ》って裁判ウォッチングに行く場合、それなりの準備をした方がよいでしょう。

目的は何でしょうか。

・ともかくまず見てみたい。
・刑事裁判や民事裁判を見てみたい。
・有名な事件の裁判を見てみたい。
・裁判員制度に備えて見てみたい、など。

グループの目的や構成員によっては、当日、受付で一覧表をめくり決めるのはたいへんですから、一週間くらい前に裁判所の広報係に電話をして、グループの目的や構成員を伝えて、相談するとよいでしょう。裁判官の都合いかんによっては裁判終了後、お話を聞く機会も設けてもらえることがあります。たった一回の裁判ウォッチングを有効に活用するには、裁判ウォッチングをサポートしてくれる弁護士さんと一緒に行くとよいでしょう。事前・事後にその裁判に関する説明を加えてくださいます。

例「裁判ウォッチングの会」(東京)
電話 〇三‐三三五三‐一九一一
ファックス 〇三‐三三五三‐三四二〇

◆裁判ウォッチングのときの心得

実際に裁判ウォッチングをする時は、以下のような注意事項を守りましょう。

①カメラ・録音機・大きな荷物・危険物をはじめ裁判長や裁判所職員から禁止された物を持ち込まない。
②おしゃべりや拍手をしたりせず、静かに傍聴する。
③新聞や本などを読まない。
④開廷中みだりに席をはなれない。
⑤その他、裁判長の命令および裁判長の命令を受けた職員の指示に従う。

以上のことに違反した場合、退廷を命ぜられたり処罰されたりすることもあるので注意しましょう。

メモをとったりスケッチをしたりしてもよいようです。

情報公開制度を利用してみよう

以前は「役所の書類は秘密文書」扱いにしていた市町村でも、最近では「情報は市民のもの」と考えるようになって、積極的に情報を開示したり、情報公開条例を策定したりする自治体が多くなりました。

そこであなたも、役所に行っていろいろな書類を見てみませんか。まずは、思い切って半日以上過ごすつもりで、役所の情報コーナーに行ってみましょう。

情報公開請求しなくても閲覧できる資料の中で、もっとも読みやすいのは、議会の議事録。話し言葉のままなので、雰囲気も想像できます。どの議員が自分の考えに近い発言をしているかもわかりますし、出された質問に役所がどのように答えているのかもわかります。

審議会、委員会のたぐいも、たくさんの種類があるはずです。議事録や資料を読んで、もし興味をもったら、次の会議を傍聴してみると一層面白いでしょう。

情報公開請求をしてみるなら、手始めに、自分の住んでいる市町村では、首長や議員がどんな風にお金を使っているか、というあたりがやりやすいはず。「市長交際費の明細」とか「議会議員視察研修の報告と費用の内訳」などを請求してみましょう。コピー代は自己負担になるので、期間や対象を絞《しぼ》るとよいでしょう。

また閲覧だけをすることもできます。

もしも公開された情報の中に、おやっと思ったことがあれば、さらに調べてみましょう。例えば、交際費の中で腑《ふ》に落ちないか所があれば「交際費支出基準」を請求する、視察研修費用に疑問があれば「領収書」を請求する、という具合です。

比較するために、全く同じ内容の情報公開請求を、近隣市町村にしてみるのもいいでしょう。自治体のお金の使い方は、決して「どこでも同じ」ではありません。郵送やファックス、メールでも受け付けてくれる場合が多いので、同じくらいの規模の自治体をいくつか比較することもできます。

調べた結果、どうしても納得できない支出があった時は、監査委員に対して「監査請求」することができます。これは「このお金の使い方は、間違っているのではありませんか?」と、会計のお目付け役である監査委員にたずねることです。その答えに納得できなければ、訴訟《そしょう》を起こすこともできます。

とにかく、はじめの一歩として、役所に行ってじっくり資料を読んでみることをお勧めします。

市民が政策をつくり提言する時代

◆国政の動き

自民党の単独過半数体制が崩れ、連立政権の時代に入りました。この間に、政党間を移動する議員も増え、特定テーマに関心をもつ議員が会派を超えて交流しやすくなりました。このような議員たちが市民団体と意見交換を繰り返し、合意をつくり出すことで、NPO法、ダイオキシン法などが生まれています。市民による議員立法への働きかけの道ができつつあります。

一方、行政も、これまでのような一人よがりで社会のニーズに必ずしも適していないやり方をする体質などが批判され、変化が見られます。審議会でも委員の人選が多様になり、パブリック・コメント制度（国民の意見を行政に反映させるための目安箱的制度）なども生まれています。

このように、議会[*1]でも、行政でも市民が立法過程や政策形成過程に関与する機会が以前より増えてきています。

◆地方の動き

今までの国主導の政策は、過疎《かそ》の村でも、大都市でも画一的な基準を推し進めるきらいがありました。不必要な道路やハコモノを造り数々の無駄を生み出したこれらの政策は、個々の地域のニーズに必ずしも合っていないことも多く、金太郎飴《あめ》政策とも揶揄《やゆ》されてきました。

ところが、二〇〇〇年四月からの地方分権一括法の施行にともなって、機関委任事務が廃止され、国の下請け的業務も減ってきました。市町村が自主的、自立的に処理する仕事が大幅に増加することになったのです。

また、国土交通省は、一九九二年に都市計画法を改正し、市町村が住民参加で都市計画マスタープラン（市町村の都市計画に関する基本的な方針）を作成できるようになりました。厚生労働省は、高齢者介護のための老人保健福祉計画の作成や、介護保険事業計画策定について、住民の意見を反映できるしくみにしています。

このような流れの中で、市民は単なる行政サービスの顧客という立場を超えて、行政との協働（パートナーシップ）で地域運営を進めていくことが期待されています。

東京都三鷹市では、「みたか市民プラン21会議」という四〇〇人の市民による自主運営組織によって、まちづくりの基本構想・基本計画をつくり、政策提言を行っています。この動きは、他の自治体にも大きな影響を与え、市民・住民の役割が、従来の「抵抗型の住民運動」や「要望提示型参加」から、「政策提言型参加」に向かって少しずつ転換しつつあります。自治体の自己決定権の拡大が、地域住民の自己決定権の拡大に繋《つな》がってきています。

＊1　政策形成・決定・実施のプロセス

政策の形成・決定・実施のプロセスは、①課題設定→②政策立案→③政策決定→④政策実施→⑤政策評価というサイクルになっています（下図参照）。政策提言には、最初の計画の段階だけでなく、政策評価も含まれます。NPO／NGOは事業を受託し、行政と協働で政策を実行することもあります。

政策の形成・決定・実施のプロセス

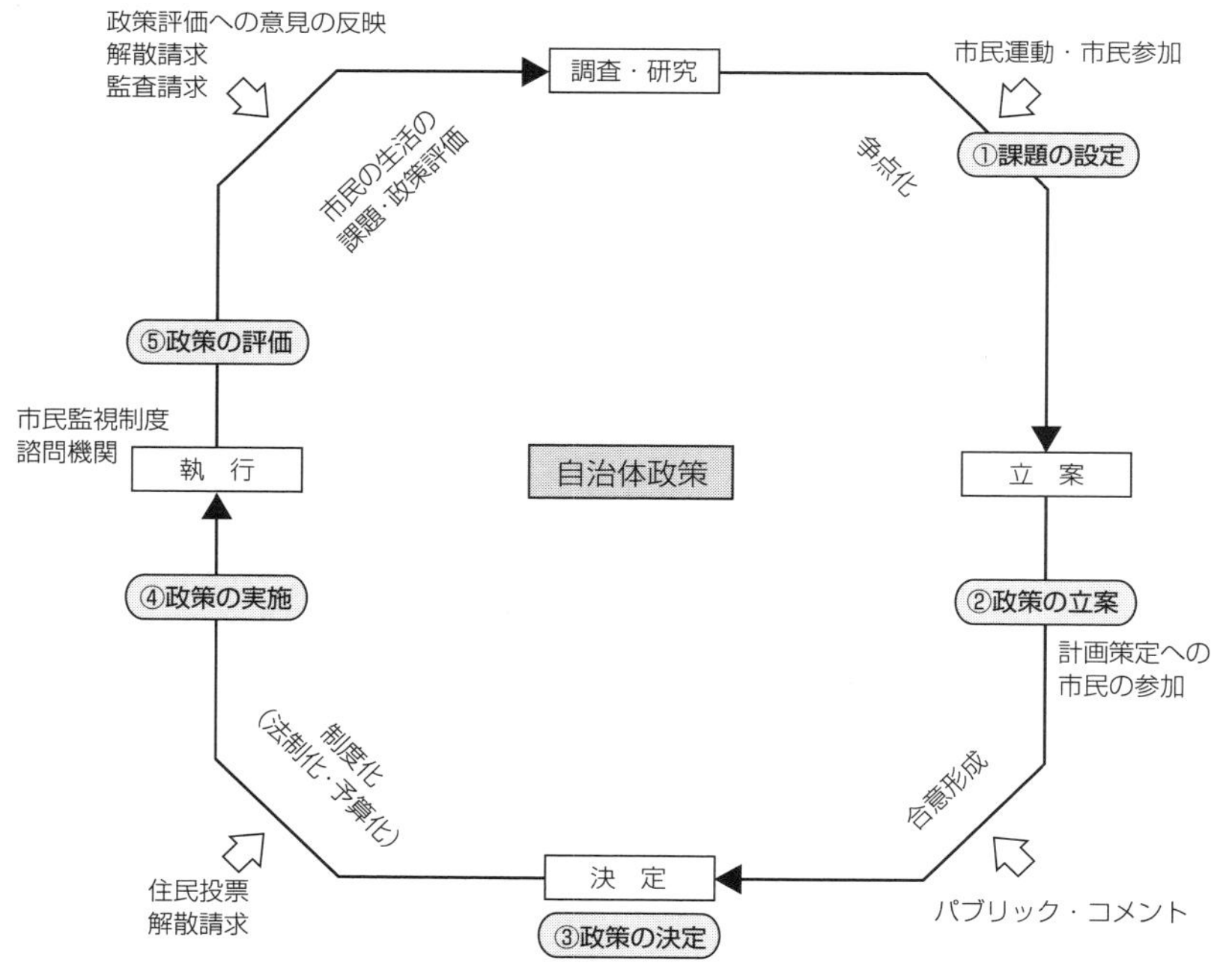

政策案をつくってみよう（政策案①）

政策案をつくるには、次のような手順をふんで行います。

◆まず調査したことや意見をまとめよう

私たちの国や、まちの問題点を付せん紙に思いつくまま書き出しましょう。次にそれをグルーピングします。それぞれのグループの関連性を矢印などで繋《つな》ぎます。因果関係や共通点などを見つけ、問題点を抽出していくのです。

抽出した問題点をもとに話し合い、どこに問題の根元があるのかを考えましょう。

問題点や問題の根元を前提にして、どのような社会にしたいかを付せん紙に書き出して、みんなのビジョンをまとめましょう。

実現に向けて障害になっているものはないか話し合いましょう。また、法律や政策に抜け穴や弱点はないでしょうか。新しいものを買った方が安くつき、リサイクルは高くつくなどの素朴な疑問もあるでしょう。

◆既存の政策を評価し、改善策を考えよう

みんなで話し合ったものが、すでに政策・制度としてあるものかどうかを調べてみましょう。そして政策の内容、進め方、成果を評価しましょう。疑問があれば、臆することなく省庁や地方自治体に質問してみましょう（「Ⅴ-2」参照）。

また、どこを改善したらよいか考えましょう。

◆実現したい政策案をまとめよう

問題の根元、描いたビジョン、現在の制度・政策・予算の問題点などをもとにして、新しい政策案をデザインしてみましょう。

三年以内に、ゴミのポイ捨てをなくす。放置自転車を三〇％減らすなど、目標値と期限を設定してみましょう。

◆検証してみよう

つくった政策案を厳しく検証してみましょう。

予算、予想される効果、実現可能性。

政策案に正当性はあるでしょうか。おねだりの政策案になっていませんか。公益性・公共関与・国か都道府県か市町村か・民間委託できないか・効率性・財源（支出する意味があるか）など。

公益性とは、多くのひとに便益があるかどうかです。部分的な最適ではなく、全体として最適かどうかを考えましょう。公共関与は、政府や自治体が本当にやるべきことかどうかです（「Ⅴ-1」参照）。

政策提言を書こう（政策案②）

政策案を実現するために、次のようにその案を提言書にまとめます。

担当者がひと目でわかるように、一枚目に政策の要旨をまとめて書き、その後のページでくわしく述べるようにします。例えば、次の八枚構成にするとよいでしょう。新規の政策案と既存の政策の見直しがありますが、〔　〕内は、見直し型の場合です。

一．政策プラン案の全容図〔コンセプト・マップ〕

必要最小限の情報をＡ４用紙一枚に、コンパクトにまとめて、一〇分程度で説明できるものにします。二～八の要点である　　の部分などを抜き出して、５Ｗ１ｈを中心に全容図にまとめるとよいでしょう。例えば、(ア)目的・背景、(イ)政策案の全体構造（ツリー図・流れ図など）、(ウ)実施時期、(エ)実施場所、(オ)実施主体、(カ)対象者・受益者、(キ)達成目標、(ク)予算、などです。

二．導入の背景〔もしくは見直しの必要性〕

①現状（問題状況を説明する）、②課題の抽出、③解決策（できれば複数の案を示し、そのメリット・デメリットを比較します。自分たちの採用する案およびその理由も書いておきます）

三．内容〔見直し前と後の対比表を作成する〕

①期間（実施時期・スケジュール・期限）
②法的根拠（根拠法令・条文、条文の解釈、条例・規則・要綱などの案の制定）
③実施場所（既存施設か、借用か、新規建設か）
④実施主体（行政による直接実施か、民間委託か、住民か、ＮＰＯか、など。担当する省庁・自治体・部署の明示）
⑤内容（何を実施するかについて、図などを使って説明）
⑥対象者・受益者（要件、人数、積算根拠、今後の推移、グラフなど）、など。

四．手法〔もしくは見直しの手法〕

政策案の実施の手法としては、できれば二～三案を示し、各案のメリット・デメリットを示すとよいでしょう。政策見直しの場合は、現状と新たな手法の比較を表などを用いて示します。

Ａ案（オーソドックスな手法）、Ｂ案（効率的な手法、委託、ボランティア、ＰＦＩ、公設民営、民設民営など）、Ｃ案

（A案とB案の折衷案）のように並べるとよいでしょう。

五．必要なデータ

①デスクリサーチデータ（DRD）

政府・自治体やシンクタンクの刊行している統計資料などから、政策を根拠づけるデータを選び、図やグラフなどに整理します。また、情報公開制度を利用して、行政から情報を直接取ることもできます。これらの作業は机の上で行うのでデスク（机）リサーチという言葉がついています。

政策の内容とデータの関連を示すことで、公共的な・社会的な問題をいかに考慮しているかをアピールします。

②フィールドリサーチデータ（FRD）

現場調査、アンケートなど、現場からのデータを盛り込むと、説得力が増します。住民のニーズがいかにあるかを売り込んで下さい。

六．スケジュール

政策案によっては、実施までのプロセスが懸念材料になることがあります。大まかなスケジュールを示しておくとよいでしょう。

七．達成目標（もしくは見直しによる目標の修正）

政策案の目指す目標は、なるべくアウトプット（行政活動の量）ではなく、アウトカム（行政活動による成果）を書くようにします。例えば、「安全運転の講習会を2倍にする」ではなく、「交通事故の発生件数を半分にする」とします。積算根拠やコストパフォーマンスにも触れておきたいところです。

八．予算

目標とともに、予算を明示することによって、その政策案や事業の実現可能性が判断できます。歳出面では、同じような目的をもった既存の政策や事業の廃止・縮小・統合を考え、そこから捻出《ねんしゅつ》される予算を新規の政策の実施にあてます。歳入面では、市町村であれば、国や都道府県からの補助金などの有無を調べます。行政サービスに対する利用者の負担金や施設利用料なども歳入になります。

【参考情報】

提言書のくわしい書き方や例については、左のホームページを参照。

（http://www.citizenship.jp/literacy）

政策案を実現する方法を考えよう（政策案③）

私たちがつくった政策提言をどこに提出し、発表すればよいでしょうか。実は、決まった窓口があるわけではないのです。政策の立案以上に、ここからが頭の使いどころです。

①議会・議員に出す

国でも、地方自治体でも、議会に対して市民の要望を直接伝える方法として陳情や請願というしくみがあります（例．衆議院。http://www.shugiin.go.jp/index.nsf/html/index_tetuzuki.htm）。

この他に、政党や議員に提言し、議員立法という手段で立法化する方法があります。政府の対応が遅れている分野や、財政事情などから政府としてはすぐに賛成しかねる政策などは、議員立法のほうがよいといわれています（NPO法〈一九九八年〉、ダイオキシン対策法〈一九九九年〉など）。

地方自治体でも議員・会派などに提言し、条例化をすることができます。

②行政

国政では、省庁の審議会・パブリック・コメント（Colum②参照）などの制度によって、総合計画をつくる段階で市民が提言したり、提言書を送ったりすることができます（総務省「各府省における規制の設定又は改廃に係る意見提出手続（パブリック・コメント）実施状況」。http://www.soumu.go.jp/soumu/jyoukyou.htm）。

地方自治体でも、首長や役所に直接提言したり、提案書を送ることができるようになってきました。特に新しい条例をつくる必要もなく事業化できるものに関しては、予算をつけることで対応することもできます（例．長野県県民参加の政策づくり推進事業。http://www.pref.nagano.jp/kikaku/kikaku/kenmin/kekka.htm）。

また、都市計画マスタープランや、高齢者介護のための老人保健福祉計画などの作成段階で市民が参画できるしくみもあります。また、市民独自にプランを作成している動きもあります（東京都三鷹市「みたか市民プラン21」、京都府長岡京市「まちかど緑づくり事業」など）。

③意見を発信して社会に訴えよう

①、②の方法だけでなく、社会に訴えて仲間を増やすことや、世論形成をする工夫も必要です。HP・セミナ

ー・シンポジウム・マスコミ（新聞・出版・TV・ラジオ）、NPO／NGO会議などあらゆる手段を使って、行政や議会を動かすのです（アドボカシー、「Ⅲ-3」参照）。

④選挙のサイクルにのせる

政策提言をもとに選挙の候補者に質問状を送り、政策案に賛同した候補者を応援する方法もあります。また、政策案をつくった仲間や、理解者の中から候補者を立てることもできます。

このようにして、政策提言をマニフェストにすることができます。選挙後は、政策案を実行できたかどうかを評価し、しっかり実行した候補者に再び投票すればよいのです。このような循環で選挙をくり返していけば、政治は少しずつでも前進していきます。このような動きをマニフェスト・サイクルともいいます。

【参考文献】

・『市民のための地方自治入門―行政主導型から住民参加型へ』佐藤竺監修、今川晃編著、実務教育出版、二〇〇二年
・『行政マンの政策立案入門』木村純一著、学陽書房、二〇〇四年
・『政策形成の基礎知識』田村秀著、第一法規、二〇〇四年
・『知られざる官庁　新内閣法制局』西川伸一著、五月書房、二〇〇二年
・『ローカル・マニフェストによる地方のガバナンス改革』UFJ総合研究所、国土、地域政策部編著、ぎょうせい、二〇〇四年
・『市民立法入門』市民立法機構編、ぎょうせい、二〇〇一年
・『ハンドブック市民の道具箱』目加田説子編著、岩波書店、二〇〇二年
・『インターネットで政策づくり』松下啓一著、学芸出版社、二〇〇〇年
・『議員立法』山本孝史著、第一書林、一九九八年
・『「行政」を変える！』村尾信尚著、講談社、二〇〇四年

＊公共関与が必要かどうかは、政府や自治体が本当にやるべきことかどうかです。『「行政」を変える！』（村尾信尚著、講談社、二〇〇四年）の「公的関与についての考え方」の判断基準が参考になりますので紹介します。次の四点です。

①財の持つ便益を享受する者（受益者）を特定あるいは限定することが困難・不可能な財（公共財）であり、市場において受益者から費用を回収できない財であるかどうか。

②教育のように外部経済効果をもつ財や、公害のように外部不経済効果をもつ財であれば、公的関与の必要がある（「Ⅲ-3」参照）。

③電力・水道のように、設備面でのスケールメリットが顕著であるもの。ただし最近は電力の自由化の例もある。

④新エネルギーの開発、宇宙事業などのように投資・研究に必要な資金やリスクがあまりに大きく民間では負担しきれないもので、社会的必要性のあるもの。

⑤ナショナル・ミニマム、シビル・ミニマムの確保の観点から、所要量の供給がなされなければならないもの（「Ⅳ-1」参照）。

【参考情報】

なお、くわしい方法や新しい情報は左のホームページを参照。

（http://www.citizenship.jp/literacy）

図2ー1　政策過程のフロー

政策フロー	①課題設定 →	②政策立案 →	③政策決定 →	④政策実施 →	⑤政策評価（feed back → ①）
主な内容	3目標設定 2課題設定 1争点提起	3政策原案作成 2最適案選択 1複数案作成	3議会の決定 2長の決定 1合意形成手続	3進行管理 2執行手続・規則 1執行方法選択	3修正・改善 2非制度的評価 1制度的評価
担い手	＋長・職員機構 市民＋政党＋議会 政治全体	議会 ＋ 長・職員機構	議会 ＋ 長	長・職員機構	＋長・職員機構 市民＋政党＋議会 政治全体

【出典】佐々木信夫著『自治体政策学入門』ぎょうせい、1998年

あとがき――ジャパニーズ・デモクラシーの構築に向けて

日本は、政治や政策、法律などがなかなか身近なもの、自分の生活と密着したものとしては感じられない社会です。それは、社会や民主主義のあり方、そこにおける市民の役割などについて、現実をふまえながらその基本的かつ根本的なことを具体的に学んだり、考えたりする機会が日本にないからではないでしょうか。つまり、「市民が市民であるために」必要とされる素養やスキル（シチズン・リテラシー）を修得する機会がないからではないかということです。その意味で、私は、そのような機会が、できれば日本の義務教育において与えられるべきなのではないかと考えています。実際、欧米や新しく民主化した東中欧の国々やアフリカなどでも、そのような市民教育や政治教育が体系的に行われてきているのです（シチズンシップ教育ネットワークのホームページ参照〈http://www.citizenship.jp/〉）。

そこで日本でもその教育の材料となる書籍をつくりたいと考えたわけです。ところが、海外の関連の教科書や書籍などをみればわかりますように、例えば、アメリカにはアメリカン・デモクラシー（アメリカ型民主主義）、英国にはブリティッシュ・デモクラシー（英国型民主主義）の土台と社会的蓄積があります。ところが、日本にはいわゆる「ジャパニーズ・デモクラシー（日本型民主主義）」なるものの具体的経験や知見の蓄積がないことに気づいたのです。また、そのことと連動することですが、日本には、抽象的にあるいは海外の民主主義や日本の政治を考える研究者はいても、「ジャパニーズ・デモクラシー」を考える人はあまりいないこと、特に日本における具体的な市民活動や民主主義の活動と理論を結びつけている方々も皆無に近いことに気づきました。つまり、歴史もふまえて、日本の中で民主主義やそれに基づく社会、制度、市民の基礎や実経験をふまえた社会的知見が非常に少ないということもわかったのです。

そのような中で、本書を企画したわけですから、本書はある意味で「無謀な試み」といえるかもしれません。ただ、本書の中にも何度も書かれていますように、民主主義は完成されるものではなく、絶えず創り続ける必要のあるシステムです。その意味からも、本書は、シチズン・リテラシーに関する完成本ではなく、あくまでも日本における民主主義社会やそこでの市民の役割、そしてそのリテラシーを考える始まりのたたき台とお考えいただきたいと思います。

このような企画にご理解とご協力をいただいた、教育出版株式会社および執筆者一覧に記されている編集委員や執筆者をはじめ本書の作成に関《かか》わっていただいた多くの方々には、心からのお礼を申し上げたく思います。また、教育出版の大久保正弘・岸川富弥両氏には、本当に献身的かつ誠実に編集や全体コーディネーションに関わっていただきました。お二人の尽力なしには本書の完成はなかったと思います。衷心よりお礼申し上げます。

本書の出版をきっかけに、戦後民主主義が還暦を迎えるこの年において、日本の民主主義やシチズン・リテラシーについての議論や活動が始まりかつ深まり、義務教育でのその分野のカリキュラム化への可能性が生まれ、ジャパニーズ・デモクラシーの蓄積がなされるようになれば、我々編著者の望外のよろこびです。

二〇〇五年二月吉日

編集委員および執筆者を代表して　鈴木崇弘

執筆者一覧（2005年３月現在）

【編集委員】（執筆順）

鈴木崇弘（すずき たかひろ）

宇都宮市生まれ。東京大学法学部卒業。ハワイ大学大学院未来学修士課程修了。一貫して民の立場で活動し、現在、大阪大学特任教授、一新塾理事。訳書などは『アメリカに学ぶ 市民が政治を動かす方法』（日本評論社）ほか。

本書の担当：全体編集および［Ⅰ－１］

上野真城子（うえの まきこ）

東京都生まれ。東京大学大学院修了工学博士。アーバン・インスティテュート（ワシントンＤＣ）研究員から、現在、大阪大学特任教授。米国在住。ＷＪＷＮ代表、ＪＡＣＦ（米国ＮＰＯ）理事。専門は政策研究。訳書に『政策評価入門』（東洋経済新報社）など。

本書の担当：［Ⅱ－１］

風巻浩（かざまき ひろし）

神奈川県生まれ。慶應義塾大学卒業。成城大学大学院文学研究科修了。現在、神奈川県立麻生高等学校教員（世界史）。開発教育協会理事。かながわ開発教育センター理事。著書に『ボランティアで国際交流』（岩崎書店、共著）。

本書の担当：［Ⅲ－１（１）、Action①②］

成田喜一郎（なりた きいちろう）

東京都生まれ。早稲田大学大学院文学研究科史学専攻修士課程修了。現在、東京学芸大学附属大泉中学校副校長。著書に『世界と対話するこどもたち』（創友社）、『中学校社会科授業ディベートの理論と方法』（明治図書）など。

本書の担当：［Ⅲ－１（２）、Action③⑨⑫］

中林美恵子（なかばやし みえこ）

埼玉県生まれ。ワシントン州立大学大学院卒。米国家公務員（上院予算委員会補佐官）を経て、現在、（独）経済産業研究所研究員、ＣＳ衛星放送「ニュースの深層」キャスター。著作に『日本の財政改革』（東洋経済新報社、共著）など。

本書の担当：［Ⅲ－２］

村尾信尚（むらお のぶたか）

岐阜県生まれ。一橋大学経済学部卒業。大蔵省入省後、三重県総務部長、大蔵省主計局主計官、財務省理財局国債課長などを歴任。現在、関西学院大学教授。著書に、『「行政」を変える！』（講談社現代新書）など。

本書の担当：［Ⅳ－１］

福岡政行（ふくおか まさゆき）

東京都生まれ。早稲田大学大学院政治学研究科博士課程修了。明治学院大学、駒沢大学を経て、現在、白鴎大学法学部教授、立命館大学客員教授。著書に『日本の選挙』（早稲田大学出版部）、『十年後ニッポン』（講談社）など。

本書の担当：［Ⅳ－２］

川北秀人（かわきた ひでと）

大阪府生まれ。京都大学経済学部卒業。（株）リクルート、国会議員の政策担当スタッフを経て、現在、IIHOE［人と組織と地球のための国際研究所］代表者。著書に、『市民組織運営の基礎』（IIHOE発行）など。

本書の担当：［Ⅳ－４、Ⅴ－２］

細野助博（ほその すけひろ）

筑波大学大学院社会工学研究科博士課程修了。現在、中央大学評議員、教授。日本公共政策学会会長。著書に、『実践 コミュニティービジネス』（中央大学出版部、監修／共著）、『スマートコミュニティ』（中央大学出版部）など。

本書の担当：［Ⅳ－５（１）、Column①］

島広樹（しま ひろき）

京都府生まれ。慶應義塾大学環境情報学部卒業、同大学院政策・メディア研究科修士課程修了、同博士課程単位取得退学。フジタ未来経営研究所を経て、現在、大阪大学フロンティア研究機構特任教員。

本書の担当：［Ⅴ－１、Column（現場の声）①②④］

【執筆者】（執筆順）

油木清明（あぶらき きよあき）

石川県生まれ。慶應義塾大学にて経済学学士、マサチューセッツ工科大学にて政治学修士を取得。現在、日本経団連政治グループ副長。著書に『技術立国再び―モノ作り日本の競争力基盤』（ＮＴＴ出版）がある。

本書の担当：［Ⅲ－１（３）］

大久保正弘（おおくぼ まさひろ）

東京都多摩市で育つ。東京学芸大学教育学部卒業。予備校講師を経て、現在、編集者。シティズンシップ教育推進ネット代表（http://www.citizenship.jp/）。執筆に「シチズンシップ教育推進ネットの提案」『社会科教育』（2005年１月号pp.30－32、明治図書）など。

本書の担当：［Action④⑭⑮⑯、Column②］

高乗秀明（たかのり ひであき）

京都市生まれ。京都教育大学卒業。公立学校教諭、京都教育大学附属京都中学校教諭、同副校長を経て、現在、京都教育大学附属教育実践総合センター助教授。著書に『コミュニケーションとメディアを生かした授業』（日本文教出版）など。

本書の担当：［Ⅲ－３］

所夏目（ところ なつめ）

広島県生まれ。東京学芸大学教育学部卒業。新宿区立淀橋第四小学校、板橋区立蓮根小学校を経て、現在、三鷹市立第四小学校教諭。『子どもの夢を育むコミュニティスクール』（教育出版、貝ノ瀬滋編著）に執筆。

本書の担当：［Action⑥］

北郷美由紀（ほくごう みゆき）

千葉市生まれ。津田塾大学卒業。英・バーミンガム大学国際関係学修士課程修了。1991年から朝日新聞記者。政治部、インドネシア特派員などを経て、現在、企画報道部。著書に『この地球で私が生きる場所』（平凡社、共著）など。

本書の担当：［Action⑦⑧］

東恭弘（ひがし やすひろ）

三重県生まれ。駒沢大学法学部卒業。ラジオ番組取材スタッフ、衆議院議員秘書を経て、現在、福岡政行事務所。

本書の担当：［Ⅳ‐２脚注］

原啓一郎（はら けいいちろう）

愛知県生まれ。東京大学法学部卒業。現在、札幌地方裁判所部総括判事。著書に『法律知識ライブラリー７・民事執行の基礎と応用〔補訂増補〕』（青林書院、共著）など。

本書の担当：［Ⅳ‐３、Action⑤、Column（現場の声）③］

和栗百恵（わぐり ももえ）

石川県生まれ。中央大学総合政策学部卒業。スタンフォード大学教育研究科国際比較教育修士。スリランカや日本のＮＧＯを経て、現在、中央大学総合政策学部特任講師（http://www.fps.chuo-u.ac.jp/~iip/）。

本書の担当：［Ⅳ‐５（２）、Column（現場の声）⑤］

打越紀子（うちこし のりこ）

東京都生まれ。青山学院女子短期大学家政学科卒業。埼玉県北足立郡吹上町議会議員２期を経て、現在、表現教室主宰、東京新聞女性レポーター。著書に『おやつの時間だよ～はつらつママの議員な生活～』（新風舎）。

本書の担当：［Action⑩⑪⑬］

■カバー作品
造形作品：服部みどり
写真：佐藤隆俊
装丁：細川美穂子

JASRAC　出0503195-501

シチズン・リテラシー
社会をよりよくするために私たちにできること

2005年4月6日　初版第1刷発行
2012年2月8日　初版第4刷発行

編著者　鈴木崇弘 ほか
発行者　小林一光
発行所　教育出版株式会社
〒101-0051 東京都千代田区神田神保町2-10
TEL 03(3238)6965　FAX 03(3238)6999
URL http://www.kyoiku-shuppan.co.jp/

ISBN 978-4-316-80106-3　C0037

印刷　モリモト印刷
製本　上島製本

●三権と市民との関係

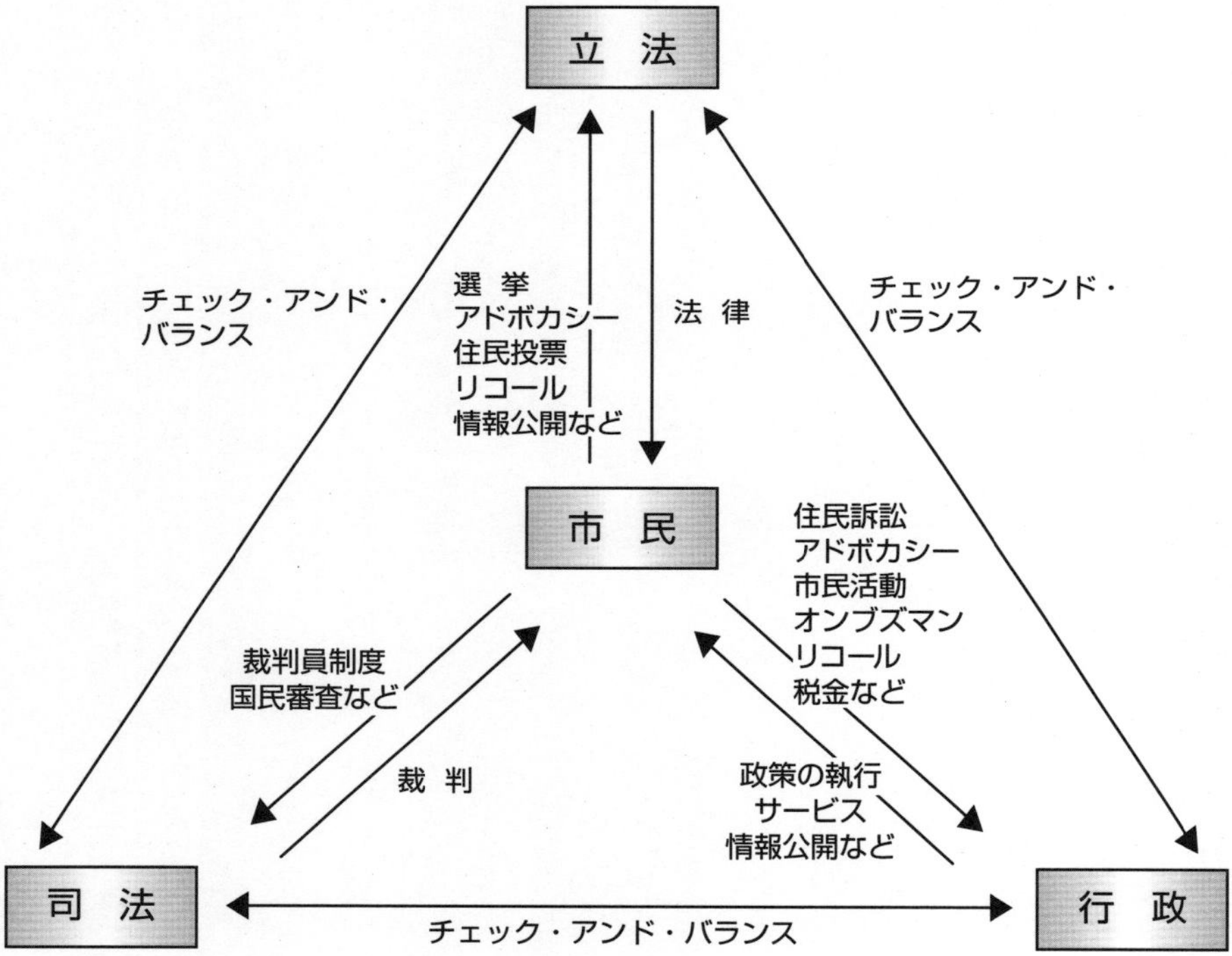

★「Ⅰ-1」「Ⅲ-2」「Ⅳ-1」「Ⅳ-2」「Ⅳ-3」「Ⅳ-5」「Ⅴ-1」「Ⅴ-2」参照